"一带一路"列国人物传系　总主编◎王丽

状元实业家

张謇传

程　稀◎编著

中国出版集团有限公司
华文出版社

图书在版编目（CIP）数据

状元实业家：张謇传／程稀编著. -- 北京：华文出版社，2023.9
（"一带一路"列国人物传系）
ISBN 978-7-5075-5860-9

Ⅰ．①状… Ⅱ．①程… Ⅲ．①张謇（1853-1926）－传记 Ⅳ．①K825.38

中国国家版本馆CIP数据核字（2023）第177030号

状元实业家：张謇传

编　　著：程　稀
责任编辑：修文龙
出版发行：华文出版社
社　　址：北京市西城区广安门外大街305号8区2号楼
邮政编码：100055
电　　话：总 编 室 010-58336239
　　　　　 发 行 部 010-58336267/58336253
　　　　　 责任编辑 010-63426125
经　　销：新华书店
印　　刷：北京盛通印刷股份有限公司
开　　本：880×1230　1/32
印　　张：7.875
字　　数：128千字
版　　次：2023年9月第1版
印　　次：2023年9月第1次印刷
标准书号：ISBN 978-7-5075-5860-9
定　　价：42.00元

版权所有　侵权必究

"'一带一路'列国人物传系"编辑委员会

指导单位：
中国文学艺术界联合会
中国社会科学院国家全球战略智库

编委会：
总主编： 王 丽
副主编： 唐得阳　王灵桂
委　员：（按姓氏笔画排序）

丁闻琦	丁 超	于 青	于福龙	马细谱	王成军	王 丽
王灵桂	王建沂	王春阳	王郧久	王洪起	王宪举	王 渊
文 炜	孔祥琇	石 岚	白明亮	冯玉芝	成 功	朱可人
刘 文	刘思彤	刘铨超	安国君	许文鸿	许烟华	孙钢宏
孙晓玲	苏 秦	杜荣友	李一鸣	李永全	李永庆	李垂发
李玲玲	李贵方	李润南	李嘉慧	余志和	宋 健	张 宁
张 敏	陈小明	邵诗洋	邵逸文	周由强	周 戎	周国长
庞亚楠	胡圣文	姜林晨	贺 颖	贾仁山	高子华	高宏然
唐岫敏	唐得阳	董 鹏	韩同飞	景 峰	程 稀	谢路军
翟文婧	熊友奇	鞠思佳				

支持单位：
中国社会科学院俄罗斯东欧中亚研究所
北京融商一带一路法律与商事服务中心

法律顾问：
北京德恒律师事务所

总 序

群星闪耀"一带一路"

"2100多年前,中国汉代的张骞肩负和平友好使命,两次出使中亚,开启了中国同中亚各国友好交往的大门,开辟出一条横贯东西、连接欧亚的丝绸之路。"[①] 2013年9月7日,中国国家主席习近平在哈萨克斯坦纳扎尔巴耶夫大学发表演讲,以博古通今的睿智对大学生们娓娓道来丝绸之路古老而年轻的故事。

"我的家乡陕西,就位于古丝绸之路的起点。站在这里,回首历史,我仿佛听到了山间回荡的声声驼铃,看到了大漠飘飞的袅袅孤烟。这一切,让我感到十分亲切。哈萨克斯坦这片土地,是古丝绸之路经过的地方,曾经为沟通东西方文明,促进不同民族、不同文化相互交流和合作作出过重要贡献。东西方使节、商队、游客、学者、工匠川流不息,沿途各国互通有无、互学互

---

① 《习近平谈治国理政》,外文出版社,2014年10月第1版,第287页。

鉴，共同推动了人类文明进步。""不同种族、不同信仰、不同文化背景的国家完全可以共享和平、共同发展。这是古丝绸之路留给我们的宝贵启示。""为了使我们欧亚各国经济联系更加紧密、相互合作更加深入、发展空间更加广阔，我们可以用创新的合作模式，共同建设'丝绸之路经济带'。"[①] 推己及人，高瞻远瞩，引领时代，习主席在阿斯塔纳[②]通过哈萨克斯坦人民，首次向世界发出了让古老的丝路精神再次焕发青春和光彩的时代宣言。

2013年10月3日，习主席在印度尼西亚国会发表了题为《共同建设二十一世纪"海上丝绸之路"》的演讲："东南亚地区自古以来就是'海上丝绸之路'的重要枢纽，中国愿同东盟国家加强海上合作，使用好中国政府设立的中国—东盟海上合作基金，发展好海洋合作伙伴关系，共同建设21世纪'海上丝绸之路'"，"发挥各自优势，实现多元共生、包容共进，共同造福于本地区人民和世界各国人民"。[③] 这个倡议和9月7日的演讲异曲同工、遥相呼应、互为映衬，完整地提出了"丝绸之路经济带"和"21世纪海上丝绸之路"的宏伟构想。

从广袤的亚欧腹地哈萨克斯坦到风光旖旎的印度尼西亚，习主席提出的"丝绸之路经济带"和"21世纪

---

① 《习近平谈治国理政》，外文出版社，2014年10月第1版，第287页。
② 哈萨克斯坦新首都名称。
③ 同①，第293–295页。

海上丝绸之路"吸引了世界各国的目光。从2013年9月至2016年8月，习近平出访37个国家（亚洲18国、欧洲9国、非洲3国、拉美4国、大洋洲3国），对"一带一路"倡议的总体框架和基本内涵做了充分阐述。和平合作、开放包容、互鉴互学、互利共赢的丝路精神，共商、共建、共享的合作理念，驱散了"去全球化"的阴霾，为增长低迷的世界经济注入新的动能。各国纷纷将本国经济发展与中国政府制定的《推动共建丝绸之路经济带和21世纪海上丝绸之路的愿景与行动》规划相衔接。"一带一路"倡导的政策沟通、设施联通、贸易畅通、资金融通、民心相通等"五通"，正在以基础设施、经贸合作、产业投资、能源资源、金融支撑、人文交流、生态环保、海洋合作等为载体和依托，在全球掀起了投资兴业、互联互通、技术创新、产能合作的新势头。2016年中国牵头成立有57个成员国加入的亚洲基础设施投资银行（AIIB），2017年3月23日迎来13个新伙伴。孟加拉配电系统升级扩容项目、印尼全国棚户区改造项目、巴基斯坦国家高速公路项目和塔吉克斯坦杜尚别至乌兹别克斯坦道路改造项目已经获得亚投行金融支持，共商共建成为现实。

"一带一路"倡议得到国际社会的热烈响应。2016年11月17日，第71届联合国大会193个成员一致赞同，通过了第A/71/9号决议，欢迎"一带一路"倡议，敦促各国通过参与"一带一路",呼吁国际社会为开展"一带一路"建设提供安全保障环境。2017年3月17日,联合国安理会全票赞成,一致通过第2344号决议,呼吁国际社会凝聚援助阿富汗共识,通过"一带一路"建设等加强区域经济合作,敦促各方为"一带一路"建设提供安全保障环境。

2017年1月,习近平主席在联合国日内瓦总部发表题为《共同构建人类命运共同体》的重要演讲,全面深入系统阐述人类命运共同体重大理念,在国际上引起热烈反响,受到各方普遍欢迎和高度评价。3月23日,联合国人权理事会第34次会议通过关于"经济、社会、文化权利"和"粮食权"两个决议,决议明确表示要通过"一带一路"建设"构建人类命运共同体"。这是人类命运共同体重大理念首次载入人权理事会决议,标志着这一理念成为国际人权话语体系的重要组成部分。2017年5月,北京喜迎来自"一带一路"相关国家的元首、政府首脑、前政要,以及国际组织负责人,还有专家学者和知名企业家等各界代表上千人,出席"'一带一路'国际合作高峰论坛",共商沿线各国之合作共赢大计。

"一带一路"不是中国的独角戏,是与亚、欧、非洲及世界各国共同奏响的交响乐。中国恪守联合国宪章的宗旨和原则,坚持开放合作、和谐包容、政策沟通，培育政治互信，建立合作共识，协调发展战略、促进贸易便利化及多边合作体制机制。中国携手100多个国家和地区，依托国际大通道，以陆上沿线中心城市为支撑，以重点经贸产业园区为合作平台，共同打造新亚欧大陆桥、中蒙俄、中国－中亚－西亚、中巴、孟中印缅、中国－中南半岛等国际经济合作走廊进展顺利，中欧班列在贸易畅通上动力强劲，风景亮丽；以海上重点港口为节点，共同建设通畅安全高效的运输通道，实现陆海路径的紧密关联和合作，太平洋、印度洋、大西洋上巨轮往来频繁，不亦乐乎。亚太经合组织、亚欧会议、大湄公河次区域合作等有关决议或文件，都体现了"一带一路"建设内容。丝路基金、开发性金融、供应链金融汇聚全球财富，建设绿色、健康、智慧与和平的丝绸之路，增进各国民众福祉。

"一带一路"是人类历史上从未有过的恢弘蓝图，也是横跨亚非欧连接世界各国的暖心红线。"丝绸之路经济带"包括中国经中亚、俄罗斯至欧洲（波罗的海），中国经中亚、西亚至波斯湾、地中海，中国至东南亚、南亚、印度洋；"21世纪海上丝绸之路"包括从中国沿海港口过南海到印度洋再延伸至欧洲和到南太平洋。一路驼铃声声、舟楫相望，互通有无、友好交往。

在新的时代，在创新古老丝路精神的伟大进程中，习主席专门缅怀丝路开拓者，特意致敬古丝路精神奠基人:"我们的祖先在大漠戈壁上'驰命走驿,不绝于时月',在汪洋大海中'云帆高张,昼夜星驰',走在了古代世界各民族友好交往的前列。甘英、郑和、伊本·白图泰是我们熟悉的中阿交流友好使者。丝绸之路把中国的造纸术、火药、印刷术、指南针经阿拉伯地区传播到欧洲,又把阿拉伯的天文、历法、医药介绍到中国,在文明交流互鉴史上写下了重要篇章。千百年来,丝绸之路承载的和平合作、开放包容、互学互鉴、互利共赢精神薪火相传。"[1] 这种吃水不忘挖井人的情怀,再次展现了中华民族不忘历史、纪念先贤、展望未来的优秀文化基因,也为中国传记文学学会参加"一带一路"建设指明了方向和道路。

在古老的丝绸之路上,我们不曾相忘:张骞出使西域到过的哈萨克斯坦,山高水长的好邻居巴基斯坦,双头鹰下横跨欧亚之国俄罗斯,草原之国蒙古,喜马拉雅浮世天堂尼泊尔,菩提恒河保佑之国印度,文化瑰宝伊朗,首创法典之国伊拉克,红海门户之国也门,石油王国沙特阿拉伯,波斯湾明珠巴林,雪松之国黎巴嫩,海湾之秀科威特,沙漠之巅阿联酋,半岛明珠之国卡塔尔,波斯湾霍尔木兹海峡守门人阿曼,万湖之国白俄罗斯,欧亚十字路口土耳其,流着奶和蜜之地以色列,欧

---

[1] 习近平:《弘扬丝路精神,深化中阿合作》,2014年6月5日,习近平在中—阿合作论坛第六届部长级会议开幕式上的讲话,《人民日报》6月6日第1版。

洲粮仓乌克兰，亚平宁半岛上的文化巅峰意大利，阿尔卑斯之巅的瑞士，玫瑰之国保加利亚，与灵魂对话的思辨之国德意志，欧洲文化殿堂法兰西，欧洲客厅比利时，郁金香之国荷兰，热情如火的西班牙，还有绅士国度英国，北非金字塔之国埃及，非洲屋脊奉马蹄莲为国花的埃塞俄比亚，香草大岛之国马达加斯加，等等。

沿着海上丝绸之路，我们会领略丛林花园之国马来西亚，花园国度新加坡，千岛之国菲律宾，赤道翡翠之国印度尼西亚；沿澜沧江一路南下，我们不曾相忘澜湄泽润之国越南，千佛之国泰国，高棉的微笑之国柬埔寨，万象之都老挝，印度洋上明珠之国斯里兰卡，印度洋上的明星和钥匙毛里求斯，堆金积玉之国文莱，追求自由之国东帝汶，印度洋世外桃源马尔代夫，骑在羊背上的国家澳大利亚，上帝的后花园新西兰，等等。

"一带一路"沿线国家里，那些千百年来影响了人类与国家、民族命运并与中国曾经有过交往的古今人物，至今还能在教科书、影视剧里看到他们，还能感受到他们在一代一代年轻人身上所生发的影响和魅力。

当然，对于中国人来说，更为熟悉的是丝绸之路的开拓者。曾记否？丝绸之路开拓者中，有汉武帝和他的使节们，有首开大唐盛世的唐太宗及其无数臣民，有再续睦邻通商航海路的宋祖朝廷和无数先贤，还有金戈铁马风漫卷的元代人物，一统江山万里帆的明代人物，环球凉热自清浊的清代人物，东西碰撞溅火花的近代人物，还有经受风雨变迁、勇立海国之志的现代人物，更有丝路明珠敦煌莫高窟的守护者，卫国助邻的将军和通司中外的外交家们。当然，数风流人物，还看今朝，我们不能不浓墨重彩地讴歌那些智通商海，投身到新丝路建设中的当代人物。

耕云播雨，香火延续，智慧传承，历史再续！2100多年的友好交往历史从未隔断，惠及三大洲的中西交通从未停歇，21世纪的"中国梦"和"世界梦"汇成了人类命运共同体的时代和弦，响彻在"一带一路"辽阔的长空。也正因如此，在2023年的金秋时节，习近平主席同来自五洲四海的新老朋友相聚北京，共同出席第三届"一带一路"国际合作高峰论坛。世界的目光再次聚焦北京、聚焦中国。10年来，在各方的共同努力下，共建"一带一路"从中国倡议走向国际实践，从理念转化为行动，从愿景转变为现实，从谋篇布局的"大写意"到精耕细作的"工笔画"，取得实打实、沉甸甸的成就，成为深受欢迎的国际公共产品和国际合作平台。"一带一路"合作从亚欧大陆延伸到非洲和拉美，150多个国家、30多个国际组织签署共建"一带一路"合作文件，举办3届"一带一路"国际合作高峰论坛，成立了20

多个专业领域多边合作平台。①这是中华民族和世界历史上都应该铭记的大日子。

"一带一路"沿线国家拥有各自悠久的历史和丰富的文化传统，从古到今，涌现出了许多令人钦佩的人物，他们的成就在促进不同文化之间的民心相通方面发挥了重要作用，他们的贡献有助于加深各国人民之间的理解和合作。以人物传记写作为己任的中国传记文学学会，在"一带一路"倡议实施中，肩负"讲好'一带一路'民心相通好故事"的使命和责任，这也是国家赋予我们的根本职责和任务。在中国文学艺术界联合会的领导下，在中国社会科学院国家全球战略智库指导下，中国传记文学学会以赤诚的家国情怀、强烈的时代精神、为人物传记的责任担当，在认真调研、周密谋划、精心组织基础上，毅然决定倾注全力组织编写、筹资出版"'一带一路'列国人物传系"。此煌煌百卷传系讲述近千名各国卓越人物故事，集数百位专家作家尽心挥毫，冬去春来，夜以继日……幸得各界人士倾力赞助，又得中国出版集团有限公司华文出版社、当代世界出版社、五洲传播出版社出版发行。于是，各位读者得以读到手中的这套活泼而不失厚重、有趣而不失学养的列国人物合传书卷。

---

① 习近平在第三届"一带一路"国际合作高峰论坛开幕式上的主旨演讲（全文），2023年10月18日，https://baijiahao.baidu.com/s?id=1778006481 5242319182&wfr=spider&for=pc。

孔子曰:"仁者,人也。"让各国的先贤智者的思想光辉,照亮我们探索人类未来的道路。

传记明志,落笔为文,是为总序。

中国传记文学学会会长

"'一带一路'列国人物传系"编委会主任

王丽　博士

2023 年 10 月 18 日

Introduction: The Star-Studded "Belt and Road"

On September 7, 2013, Chinese President Xi Jinping delivered a speech at Kazakhstan's Nazarbayev University, telling college students the ancient yet up to date stories of the Silk Road with well-versed wisdom.

"More than 2,100 years ago during the Han Dynasty (206 BC-AD 220), a Chinese envoy named Zhang Qian was sent to Central Asia twice on missions of peace and friendship. His journeys opened the door to friendly contacts between China and Central Asian countries, and started the Silk Road linking east and west, Asia and Europe.

Shaanxi, my home province, is right at the starting point of the ancient Silk Road.Today, as I stand here and look back at that history, I seem to hear the camel bells echoing in the mountains and see the wisp of smoke rising from the desert, and this gives me a specially good feeling.

Kazakhstan, located on the ancient Silk Road, has made an important contribution to the exchanges between the Eastern and Western civilizations and the interactions and cooperation between various nations and cultures.This land has borne witness to a steady stream of envoys, caravans, travelers, scholars and artisans traveling between the East and the West.The exchanges and mutual learning thus made possible the progress of human civilization." [1]

"Countries of different races, beliefs and cultural backgrounds are fully able to share peace and development. This is the valuable inspiration we have drawn from the ancient Silk Road," [2] and "to forge closer economic ties, deepen cooperation and expand development space in the Eurasian region, we should take an innovative approach and jointly build an economic belt along the Silk Road." [3]

With caring, vision and leadership, President Xi Jinping, in Astana,[4] Kazakhstan, made a historic

---

[1] Xi Jinping: The Governance of China.3rd ed., Foreign Languages Press, Beijing, 2018, p.315.
[2] Xi Jinping: The Governance of China.3rd ed., Foreign Languages Press, Beijing, 2018, p.316.
[3] Xi Jinping: The Governance of China.3rd ed., Foreign Languages Press, Beijing, 2018, p.317.
[4] The name of the new capital of Kazakhstan.

declaration that would rejuvenate the spirit of the ancient Silk Road for the first time to the world.

On October 3, 2013, President Xi Jinping gave a speech titled "Work Together to Build a 21st-century Maritime Silk Road" at the People's Representative Council of Indonesia.

"Southeast Asia has since ancient times been an important hub along the ancient Maritime Silk Road.China will strengthen maritime cooperation with the ASEAN countries, and the China-ASEAN Maritime Cooperation Fund set up by the Chinese government should be used to develop maritime partnership in a joint effort to build the 'Maritime Silk Road' of the 21st century." [1] And "the two sides need to give full rein to our respective strength to enhance diversity, harmony, inclusiveness and common progress in our region for the benefit of both our people and the people outside the region." [2]

This initiative, along with the speech on September 7, conveyed a consistent message and harmonized seamlessly, bringing to fruition the ambitious vision of the "Silk Road

---

[1] Xi Jinping: The Governance of China.3rd ed., Foreign Languages Press, Beijing, 2018, p.321.
[2] Xi Jinping: The Governance of China.3rd ed., Foreign Languages Press, Beijing, 2018, p.323.

Economic Belt" and the "21st Century Maritime Silk Road". Stretching from the expansive Eurasian hinterland of Kazakhstan to the breathtaking landscapes of Indonesia, Xi Jinping's proposed "Silk Road Economic Belt" and "21st Century Maritime Silk Road" have captured the world's attention.from September 2013 to August 2016, Xi visited 37 countries (18 in Asia, 9 in Europe, 3 in Africa, 4 in Latin America and 3 in Oceania), and fully elaborated on the overall framework and basic connotation of the "Belt and Road" initiative.the Silk Road spirit of peace and cooperation, openness and inclusiveness, mutual learning, and mutual benefit, combined with the idea that projects should be jointly built through consultation to meet the interests of all, dispels the haze of "de-globalization" and injects new kinetic energy into the sluggish growth of the world economy.many countries have linked up their own economic development to the "Vision and proposed actions outlined on jointly building Silk Road Economic Belt and 21st-Century Maritime Silk Road" proposed by the Chinese government.

The "Belt and Road" initiative advocates policy coordination, facilities connectivity, unimpeded trade, financial integration, and people-to-people bond.With the emphasis on infrastructure build-up, economic and trade cooperation, industrial investment, energy resources development, financial support, people-to-people exchanges, ecological environmental protection, and marine cooperation, the initiative has set off a new momentum in investment, trade activity, technological innovation, and production capacity cooperation in the world.In 2016, China led the establishment of the Asian Infrastructure Investment Bank (AIIB), which was joined by 57 member states. On March 23, 2017, it welcomed 13 new partners.The Bangladesh Power Distribution System Upgrade Expansion Project, the Indonesia National Shanty Town Transformation Project, the Pakistan National Highway Project and the Tajikistan Dushanbe-Uzbekistan Border Road Improvement Project have received financial support from the AIIB.The idea of joint project implementation through consultation to meet the interests of all has since turned into reality.

The "Belt and Road" initiative has garnered enthusiastic support from the international community.On November 17, 2016, during the 71st session of the United Nations General Assembly, all 193 member states unanimously passed Resolution A/71/9, warmly embracing the "Belt and Road" proposal.This resolution encouraged nations worldwide to actively engage in the development of the "Belt and Road" and called upon the international community to ensure a secure environment for its successful implementation.On March 17, 2017, the United Nations Security Council unanimously adopted Resolution 2344, calling on the international community to rally assistance to Afghanistan, and bolstering regional economic cooperation through initiatives like the "Belt and Road".The resolution further emphasized the need for all stakeholders to establish a secure and stable environment for the successful execution of the "Belt and Road" initiative.

In January 2017, President Xi Jinping delivered a momentous speech titled "Work Together to Build a Community of Shared Future for Mankind" at the United Nations Office in Geneva.This address provided a comprehensive and systematic exposition of the pivotal concept: creating a global community of shared future, which resonated with audiences worldwide and elicited widespread acclaim and enthusiastic responses from a diverse array of stakeholders.On March 23, during the 34th session of the United Nations Human Rights Council, two resolutions were unanimously adopted, focusing on "economic, social and cultural rights" and the "right to food".These resolutions explicitly expressed the intent to "build a community with a shared future for mankind" through the development of the "Belt and Road" initiative.this historic inclusion of the concept of "building a community with a shared future for mankind" in the UN Human Rights Council's resolutions underscored its significance within the international human rights discourse.In May 2017, Beijing played host to the First Belt and Road Forum for International Cooperation, attended by delegates from countries involved in the "Belt and Road" initiative, including heads of state and government, former leaders, leaders of international organizations, experts, scholars and distinguished entrepreneurs.They endeavored to enhance cooperation and stimulate development.

The "Belt and Road" is not a solo act by China but rather a symphony performed in concert with countries across Asia, Europe, Africa and the rest of the world.China steadfastly upholds the principles and objectives outlined in the UN Charter, maintaining a commitment to openness and cooperation, harmony and inclusiveness, as well as policy dialogue.It fosters political trust, builds cooperative consensus, coordinates development strategies, promotes trade facilitation and enhances multilateral cooperation mechanisms.China has joined hands with more than 100 countries and regions to co-create a new Eurasian continental bridge.This has been accomplished by taking advantage of international transport routes that are supportive of the central cities along the "Belt and Road", and building key economic and trade industrial parks as a platform for cooperation.China-Mongolia-Russia, China-Central Asia-West Asia, China-Pakistan, Bangladesh-China-India-Myanmar, China-Indochina Peninsula and other international economic cooperation corridors are progressing smoothly. China Railway Express accentuates trade and shipping overland between China and Europe with a bright future. Meanwhile, key sea ports also serve as the nodes to jointly build a smooth, safe and efficient transportation network, and hence enables a close connection between land and sea routes.Together with the overland cargo train transportation, the frequent cargo ships sailing on the Pacific, Indian and Atlantic Oceans poses an amazing picture.In summary, the relevant resolutions or documents of the Asia-Pacific Economic Cooperation, the Asia-Europe Meeting, and the Greater Mekong Subregion Economic Cooperation program all embody the "Belt and Road" initiative.By bringing together the world's wealth, Silk Road Fund, development finance, and supply chain finance strive to build a green, healthy, intelligent and peaceful Silk Road, and enhance the well-being of people around the globe.

The "Belt and Road" is a grand blueprint that has never been seen in human history.It is also a warm heart line that connects Asia, Africa and Europe to countries around the world. "The Silk Road Economic Belt" includes China via Central Asia, Russia to Europe (Baltic Sea), China via Central Asia, West Asia to the Persian Gulf, the Mediterranean Sea, China to Southeast Asia, South Asia, and the Indian Ocean; the "21st Century Maritime Silk Road" includes from China's coastal ports to the South China Sea as well as the Indian Ocean that extends to Europe and the South Pacific.Friendly exchanges among countries are just a camel-ride and a boat trip away from each other.

In this new era, as we embark on the grand journey of revitalizing the spirit of the ancient Silk Road, President Xi Jinping took a moment to honor the trailblazers of the Silk Road and offered a special tribute to the visionary founders of its enduring spirit:

"In ancient times, our ancestors struggled through deserts and sailed in boundless seas to transport Chinese products to countries overseas, taking a lead in international friendly contact.Along that path, Gan Ying, Zheng He and Ibn Battuta were all known as envoys of this China-Arab friendship.Through the Silk Road, Chinese inventions like paper-making, gunpowder, printing and the magnetic compass were spread to Europe, and Arabic conceptions like astronomy, the calendar and medicine were introduced to China.

For hundreds of years, the spirit that the Silk Road bears, namely, peace and cooperation, openness and inclusiveness, mutual learning, mutual benefits and win-win results, has lived on through generations." [1]

There is a Chinese saying that when you drink the water, think of those who dug the well.The implication that the Chinese people never forget history is clearly demonstrated in our excellent cultural tradition of commemorating the sages and at the same time looking forward to the future.It also points out the direction and path for the Biography Society of China to participate in the "Belt and Road" initiative.

On the ancient Silk Road, we have never forgotten Zhang Qian's diplomatic missions to the western regions in Han Dynasty that include the world's biggest landlocked country Kazakhstan, the good neighbor Pakistan with

---

[1] Xi Jinping: "Promoting the Silk Road Spirit and Deepening China-Arab Cooperation." Key note speech at the opening ceremony of the 6th Ministerial Meeting of the China-Arab States Cooperation Forum, section one, People's Daily, June 6, 2014.

high mountains and beautiful rivers, the double-headed eagle across Eurasian country Russia, grassland country Mongolia, Himalaya floating paradise Nepal, Bodhi Ganges blessed country India, cultural treasure Iran, the first Codex System member country Iraq, Red Sea gateway Yemen, oil kingdom Saudi Arabia, the Persian Gulf pearl Bahrain, cedar country Lebanon, Gulf Star Kuwait, desert peak UAE, the Peninsula pearl Qatar, and Oman-the gatekeeper of Hormuz Strait at Persian Gulf, thousand-lake country Belarus, Turkey at the Eurasian crossroads, Israel-a land flowing with milk and honey, Ukraine of European granary, Italy-the cultural pinnacle of Apennines, Switzerland at the top of Alpine, rose country Bulgaria, and Germany, a nation famous for great thinkers, France, the center of the European culture, the welcoming and comfortable Belgium, tulip country Netherlands, the warm and sunny Spain, as well as the elegant Britons, pyramid country Egypt in North Africa, Ethiopia on the roof of Africa with the national flower of calla lily, the great Vanilla Island country Madagascar, and so on.

  Along the Maritime Silk Road, we will come across Malaysia, the country of jungle gardens, garden country Singapore, the Thousand Islands country Philippines, and Indonesia, an emerald on the equator line.Down the Lancang-Mekong River all the way south, we will experience Vietnam whose land moistened by the Lancang-Mekong River, Thailand, the country of thousand Buddhas, the smiling country of Khmer Cambodia, and Laos, the "Land of a Million Elephants".On the Indian Ocean, we will also see the ocean pearl Sri Lanka, the ocean star Mauritius, the rich and abundant Brunei, the freedom seeker Timor-Leste, the idyllic Maldives, and Australia, a country on the back of the sheep, New Zealand, the back garden of God, and so on.

In the countries along the "Belt and Road", those ancient and modern figures who have influenced the destiny of mankind, countries and nations for thousands of years and had dealings with China are still seen in today's textbooks, movies and television dramas.Their influence and charm are still felt by generations of young people.

Certainly, for the Chinese people, we are more familiar with the pioneers of the Silk Road.Have we ever remembered? Among the trail blazers of the Silk Road were Emperor Wu of Han Dynasty and his envoys, Emperor Li Shimin, the co-founder of the Tang Dynasty that epitomized a golden age and his countless subjects, the Song imperial court and numerous sages who continued good-neighbor practice and friendly maritime navigation, as well as the Yuan Dynasty warriors who led armored cavalry with shining spears, the Ming Dynasty figures who unified the country, and the Qing Dynasty characters who maintained a clear mind during global turmoil, as well as the modern individuals who, by learning from both the west and the east in a time of rapid change, had the courage to build a sea power nation.There were also the guardians of Dunhuang Mogao Grottoes known as the Silk Road Pearl, the generals who safeguarded the country and helped the neighbors, and the diplomats who convey information and messages between China and foreign countries.Without a doubt, it is our current era that features true heroes.We can not praise highly enough the contemporary people who have been plunging themselves into the development of the new Silk Road.

Diligence bears fruit, the flame of tradition stays ablaze, wisdom is passed down, and the wheels of history keep turning! The over 2,100-year history of friendly exchanges has never been severed, and the China-Western connectivity benefiting three continents has never come to a halt.The "Chinese Dream" and "World Dream" of the 21st century have converged to form the zeitgeist of a shared human destiny, echoing across the vast expanse of the "Belt and Road".For this very reason, in the autumn of 2023, President Xi Jinping, along with friends both old and new from across the globe, gathered in Beijing to attend the Third Belt and Road International Cooperation Summit Forum. Representatives from different countries and international organizations joined the event as invested guests, once again drawing the world's attention towards Beijing and China.Over the past decade, through the concerted efforts of all involved, the "Belt and Road" initiative has evolved from a Chinese proposal to international practice, from a mere idea into tangible action, from a vision to reality. It has progressed from "sketching the outline" to "filling in the details",yielding concrete and substantial outcomes. It has been welcomed by the international community as a public good and a cooperation platform. "Belt and Road" cooperation has extended from the Eurasian continent to Africa and Latin America, with more than 150 countries and over 30 international organizations signing "Belt and Road" cooperation documents.Three sessions of the Belt and Road Forum for International Cooperation have been successfully convened, and more than 20 specialized multilateral cooperation platforms have been established under the "Belt and Road" initiative.[①] This marks an occasion of profound significance, one that merits a place in the annals of both Chinese and world history.

Countries along the "Belt and Road" possess rich histories and cultural traditions of their own.Throughout history, they have produced countless admirable figures whose contributions have played pivotal roles in fostering mutual understanding among diverse cultures, thus facilitating understanding and collaboration among people from various countries.

The Biography Society of China, dedicated to biography writing, has embraced the mission of "telling well the inspiring stories of remarkable lives along the Belt and Road initiative." This mission is not merely a duty; it's a fundamental responsibility placed upon us by our nation. Under the leadership of the China Federation of Literary and Art Circles and guided by the National Institute for Global Strategy of the Chinese Academy of Social Sciences, the Biography Society of China, driven by unwavering patriotism, a deep sense of the times, and a dedication to

---

① Xi Jinping's keynote address at the opening ceremony of the Third Belt and Road International Cooperation Summit Forum, October 18, 2023, https://baijiahao.baidu.com/s?id=1780064815242319182&wfr=spider&for=pc.

the responsibility of documenting lives, embarked on the compilation and publication of "The Legend of the People along the Belt and Road Nations". This monumental series, spanning a hundred volumes, narrates the stories of nearly a thousand remarkable individuals from diverse nations. It is the result of the diligent efforts of hundreds of expert writers who worked tirelessly day and night, across seasons and years. With deep gratitude, this endeavor received generous support from various quarters and found publication through Sino-Culture Press under the China Publishing Group, as well as Contemporary World Press and China Intercontinental Press. Thanks to their generosity and commitment, readers now have the opportunity to delve into this vibrant yet substantial, captivating yet educational collection of biographies from countries along the "Belt and Road."

Confucius once said, "Humanity is of humans". May the intellectual brilliance of sages and wise individuals from various nations illuminate our path as we explore the future of humanity.

The biographies are written with lofty ideals in mind. This serves as the introduction.

President of the Biography Society of China
Director of the Editorial Board of "The Legend of the
People along the Belt and Road"
Dr. Wang Li
October 18, 2023

目　录

引　言 ·· 1

一、科举蹉跎，从冒籍秀才到恩科状元 ············ 6
  1. 十二龄童，《盆松》起步 ······················ 7
  2. "冒籍"秀才，遭受欺辱 ······················ 11
  3. 屈为生计，游幕江宁 ·························· 16
  4. 抓住机遇，投入庆军 ·························· 19
  5. 长庆军中，识袁世凯 ·························· 22
  6. 巧施妙计，朝鲜平叛 ·························· 27
  7. 撰文治论，重返科举 ·························· 37
  8. 广交朋友，结识清流 ·························· 40
  9. 恩科状元，横空出世 ·························· 45
  10. 会馆夜叙，话不投机 ························ 48
  11. 太和殿中，具疏弹奸 ························ 52

二、亦官亦商，从反对革命到拥护共和 ············ 57
  1. 痛彻甲午，状元还乡 ·························· 58
  2. 四方筹款，初办实业 ·························· 62
  3. 驱除障碍，张謇拜山 ·························· 74

1

4. 筹资办厂，知州寻衅 ……………………… 80
5. 资金短缺，纱厂困窘 ……………………… 86
6. 弃政从商，卖字筹款 ……………………… 102
7. 渔业海运，再辟新路 ……………………… 114
8. 议会立宪，张謇呼应 ……………………… 120
9. 北洋窃国，张謇辞官 ……………………… 125
10. 状元惠泽，南北神州 …………………… 134

三、玉洁冰清，谱写沈绣新篇章 …………… 144
1. 回乡办学，初识沈寿 ……………………… 145
2. 纨绔公子，宠妾虐妻 ……………………… 149
3. 江南绣女，勇担教习 ……………………… 152
4. 再入"清流"，三助沈寿 …………………… 160
5. 公子婚宴，沈寿蒙屈 ……………………… 166
6. 国宝沈绣，名驰海外 ……………………… 176
7. 报恩制赠，蟢子绣图 ……………………… 184
8. 情礼相承，终成绣谱 ……………………… 191
9. 沈绣大家，香消玉碎 ……………………… 200
10. 一枝一叶，后人评说 …………………… 209

后　记 ……………………………………… 214

Contents

Introduction / 1

Ascending to Excellence, from Scholarly Struggles to Imperial Pinnacle / 6

Juggling Politics and Business, from Revolutionary Opposition to Republic's Advocate / 57

An Envy-Inducing Love Saga, Crafting a New Chapter of Shen Embroidery / 144

Afterword / 214

引 言

张謇（1853—1926），字季直，号啬庵，祖籍江苏常熟，生于江苏省海门厅长乐镇（今南通市海门区常乐镇）。清末状元，中国近代实业家、政治家和教育家，中国棉纺织领域早期开拓者。张謇是近代中国旧民主主义革命阶段一个作出突出贡献、具有重大影响的人物，也是一个具有曲折的人生经历、富有传奇色彩的人物。

他的人生经历的曲折性和传奇性突出地表现在两个人生阶段。

第一个阶段是他从醉心科举仕途到民族企业家的阶段。张謇自幼聪慧过人，熟读四书五经，精通诸子百家，

16岁考上秀才，32岁高中举人，但后来多年参加殿试不第。在封建科举时代，十年寒窗，就为金榜题名，仕途显达，光宗耀祖。这是旧时代读书人千古不变的人生正途。张謇胸怀报国济民之志，在充满坎坷的仕途上走得可谓艰辛备尝。

清朝同治十三年（1874），他先后投身于通州知州孙云锦、淮军提督吴长庆幕下，参与机要决策，投身民生工程，甚或一些重大的平叛行动，深得朝廷和地方官长的赏识。直到光绪二十年（1894），在他41岁时，终于经科举考中恩科状元，被授翰林院修撰之职。光绪三十年（1904），清政府还授予他三品官衔。然而，在他夙愿得偿、志得意满之时，目睹清政府的腐败无能、甲午战争的惨败和民族危机的深重，他把多少人艳羡的仕宦正途视为人生畏途，毅然弃政从商，创办实业，在历史上获得了"状元实业家"的美誉。

第二个阶段是他从实业家到近代民主革命家的阶段。早在光绪二十一年（1895），面对甲午战争失败的惨痛教训和国家积贫积弱的落后面貌，张謇就提出了"实业救国，教育救国"的口号。从那时起，他突破种种阻力，开始在家乡大办教育事业和实体企业，如在南通创办了大生纺织公司；利用海滨盐荒地，兴办盐垦公司，推广植棉更为全国首创；他在唐闸创办广生油厂、复新面粉厂、资生铁冶厂等，逐渐形成唐闸镇工业区；其后，又创办了轮船公司、电气公司，扩大实业经营，促进民生发展。他重视科技、文化和教育事业在实业发展中的作用，开民族纺织高等教育之先河，创办了中国第一所纺织专业学校；1902年，他开办了中国第一所师范学校，标志着中国师范教育专设机构的开端，开全国风气之先；后来又随着各专门学校教学水平的提高，扩建校舍，合组为南通大学。他创办了中国第一所博物馆——南通博物苑，续建了通州女子师范学校、培养戏剧人才的伶工学社，在军山设立了气象台。1912年，他在上海吴淞创建了江苏省立水产学校，1952年升格为中国第一所水产高校——上海水产学院，2008年更名为上海海洋大学。张謇殚精竭虑近30年，以大生纱厂为核心，把南通建设为中国近代第一城——一个颇具规模的轻纺工业城市。他一生创办企业20余个、学校370余所，为中国近代民族工业的兴起和教育事业的发展作出了宝贵贡献，使他成为中国历史上第一个也是最后一个"状元实业家"。

在人生的第二个阶段，张謇把大部分时间和精力都用在了创办实业上，但很少有人把他称为实业家、企业家或商人，而总是把他视为一个官场人物或政治人物。这或许是因为他有着深深的官场情结，也或许是他表现出的强烈的政治和社会责任感使然。清朝末年朝廷的腐朽和没落，帝国主义列强对中国的掠夺和欺压，近代改良主义和民主革命运动风起云涌，激荡着他爱国主义和理想主义的情怀。他利用自己较高的政治和社会声望，积极投身于时代的斗争中。戊戌维新时，他曾为立宪派生力军，积极参与维新改革运动。1909年，正是宣统元年，清廷诏谕"预备立宪"，各省成立咨议局，张謇被推为江苏咨议局议长，次年即发起国会请愿活动；1911年任中央教育会长、江苏议会临时议会长和江苏两淮盐政总理等职；辛亥革命中，他放弃立宪主张，转而赞成共和革命，1912年参与起草清帝退位诏书；中华民国临时政府在南京成立后，他曾任实业总长；1912年任北洋政府农商总长兼水利总长。袁世凯复辟帝制，他通电各省，力斥当权者的误国倒退，拥护共和，拥护孙中山的护国斗争。在他人生的第二阶段，他非官而似官，是商而又非商，所以被人称为"绅商"。难能可贵的是，他在经营实业的同时，从来没有放弃"尧舜之治""圣王之道"的儒家社会理想，从清末的官宦，到立宪的拥趸，再到辛亥革命的坚定参与者，体现出他与时俱进、一腔热血的忧国忧民的情怀。

1915年，北洋政府接受日本提出的"二十一条"。1916年，袁世凯更是露骨地复辟帝制，张謇愤然离职，斩断与北洋政府的一切联系，把全部精力放在实业经营和南通自治的工作上。至1923年，他的资本总额达到了3448万余元，为当时声名显赫的申新、茂新、福新企业系统资本总额的3.5倍。1922年，北京、上海报纸举办成功人物的民意测验，投票选举"最景仰人物"，以张謇得票最高。这一年是他七十大寿，也是他人生的顶峰了。也正是这一年，市场开始从红走黑，一直盈利的大生一厂亏损白银39万两，二厂亏损31万两。因为国家经济仍未走出小农时代的框架，加上连年的军阀混战和列强在中国的盘剥，中国工商业发展受到多方掣肘和挤压，南通事业逐渐走向衰落。

1926年，一代商业精神领袖、"状元实业家"张謇在南通逝世。胡适先生曾这样评价他："张季直先生在近代中国史上是一个很伟大的失败的英雄，这是谁都不能否认的，他独力开辟了无数新路，做了三十年开路先锋，养活了几百万人，造福于一方，而影响及于全国。终于因为他开辟的路子太多，担负的事业过于伟大，他不能不抱着许多未完的志愿而死。"20世纪50年代，新中国的领袖毛泽东主席与当时的人大常委会副委员长黄炎培、陈叔通等人谈及民族工业发展时说："（中国）最早有民族轻工业，不要忘记南通的张謇。"

一、科举蹉跎，从冒籍秀才到恩科状元

张謇自幼聪慧，智力超群，16岁便考上秀才。然而他命运多舛，少年艰难。为了能够考状元、跳龙门，他成了冒籍秀才，备受欺凌与折磨。他32岁考上举人，但其后屡试不第。无奈他只好到南京给知州孙云锦当幕僚，去山东为提督吴长庆做参谋。在朝鲜平叛、撰写《朝鲜善后六策》中他崭露头角，展现了他不凡的军事才干和卓越的社交能力；治黄导淮、谋划实业更凸显了他为国为民的赤子之心。41岁时他终于考上了恩科状元。在金榜题名、大魁天下不久，他具疏弹劾李鸿章的误国之罪，震撼朝野。他目睹了权臣当道，国是日非，便毅然弃政从商，创办实业，走出了中国历史上第一位"状元企业家"之路。

1. 十二龄童，《盆松》起步

1853年7月1日，即清朝咸丰三年五月二十五日，一个婴孩在偏僻的长江口北岸江苏海门常乐镇呱呱坠地，他就叫张謇。

张謇家世代务农，祖上比较富有。但到他的祖父张朝彦的时候，因为嗜好赌博，竟然将家里富足的资财渐渐败尽，穷困潦倒的张朝彦后来不得已做了通州金沙瓷器商吴圣揆的上门女婿。

张謇的父亲张彭年，靠着祖父张朝彦入赘吴家，继承了吴家的几十亩土地，勤勤恳恳，自耕自收，生活却也过得殷实。

张彭年共生了5个儿子。张謇排行老四，小名长泰，因为祖父张朝彦入赘吴家，所以他上私塾的时候，取名吴起元，到冒籍应试时，才恢复了张姓。

张謇小时候非常聪明，3岁时就认得好几百字，而且从来不用教第二遍，父亲张彭年对他钟爱有加。

张謇3岁的时候跟着父亲读《千字文》，四五岁时已经能够把《三字经》《百家姓》《神童诗》念得滚瓜烂熟，倒背如流。

有一天，二叔张彭庚对张謇的父亲道："孩子天资聪慧好学，何不叫他跟着他的哥哥们一道去读书求学？"

于是，张謇进入西亭镇上一户小康人家办的私塾，和三个哥哥一起读书了。

私塾先生叫邱大璋，是个老学究。张謇跟着他学习后，到 10 岁时就读完了四书五经。

12 岁那年，他写出了一首表达自己远大志向的诗——《盆松》：

> 山泽孤生种，谁将到此盆？
> 青苍一撮土，蟠郁百年根。
> 宿黛含霜气，创鳞见斧痕。
> 等闲怜托处，梁栋与谁论！

他把自己比作崇山深涧的苍松，而不是那供人观赏的盆景，因为只有山野的苍松才能成为支撑大厦的栋梁。

邱先生读了张謇的《盆松》，大为惊喜，捧着诗卷，连声说道："好，好，好，孺子可教，孺子可教！"

他继而对张謇说："长泰（张謇小名）还需戒骄绝傲，以《盆松》为起点，奋发向上！"

张謇频频点头，在心中暗暗记住了先生的话。

同治五年（1866），张謇已经 13 岁。有一天，邱先生给学生出对："月在水中。"许多学生面面相觑，不是答不上来，就是文不对题。张謇却脱口而出："日悬天上。"邱先生大喜。

又过了几天，邱先生再出了个上联："舟浮浅渚。"张謇站起来说："人在上流。"

先生更为欢喜了，便对着张謇道："长泰，再加几个字，你还能对吗？"

张謇道："先生，我试试吧。"

这时，邱先生看到窗外有个军人骑着白马驰去，便出对道："人骑白马门前过。"

张謇回答道："我踏金鳌海上来。"

邱先生眼睛都亮了，连声说道："对得好，对得好！好大的气魄。"

第二天下午放学之后，邱先生匆匆来到了张彭年家中，说道："你家长泰聪明至极，出口成章。我自觉学问有限，不能误了他的前程。所以我想向你推荐一位饱学先生来教长泰，你看如何？"

张彭年听了，心中乐滋滋的："先生过谦。"却又满口地应承了下来，"那就有劳先生了。"

十多天后，张謇转到了宋蓬山老先生的门下做了他的学生。

这宋蓬山名效祁，是当地一个50多岁的饱学儒士。他一生以科举考试取中为目的，虽然屡试不中，但是在学问上毕竟自有长处。他到了张家后，检查张謇作业，发现音训句读错误百出，就另起炉灶，重新让他学习了《大学》《中庸》《论语》《孟子》等书。在平常的教学中，他认真教张謇音韵、训诂，张謇进步非常快。有一天，宋蓬山做东，约请一些朋友聚谈，他把张謇带在了身边。

席间，宋蓬山的一位朋友笑对着他说："久闻宋兄有一位得意弟子，学问十分了得，是否能让我们开开眼界呢？"

宋蓬山转对张謇道："长泰觉得如何？"

张謇的好胜心一直很强，便道："遵命！"

宋蓬山赞许地点点头，对朋友说："那就请兄台命题吧。"

朋友便命了题："春燕杏林中。"让张謇以七言律诗答题。

张謇略微思考了一番，便吟道："细雨廉纤画阁东，紫襟飘瞥试春风。竞衔朱蕊来邻社，细带香泥出旧宫。几翦霜环成碎锦，半帘梭角破欹红。乳莺舌巧应相笑，却落梨花冷院中。"

张謇才吟好，众人便脱声赞道："神童！神童！将来前程不可限量。"

自此以后，张謇的"神童"之称，便不胫而走，远近闻名。

那时候，读书人参加科举考试，考中了状元，人称"独占鳌头"。宋蓬山看到张謇吟出这样大吉大利的七律，高兴地告诉张謇的父亲，他的儿子已经有了金榜题名的佳兆，张謇的父亲看到儿子学习精进如此，对先生感激不尽，于是特加重礼拜谢。

这年的6月，海门余东的老百姓拒缴税款，地方官府出兵镇压，老百姓惊惶四逃，宋蓬山惦记着家里，就向张家提出回家不再当老师，谁知宋蓬山回家不久后却病故了。为了儿子的学业，张彭年把儿子带到了西亭，让他跟着宋蓬山的侄子宋琳继续学习。

宋琳在学业上比他叔叔强了许多，早已科考中举。但是他却是性格乖张、颇有心计之人。他仗着自己是举人，经常瞧不起人，对学生爱理不理，有时严厉、苛刻得让人无法接受，甚至于有时借一个小小的由头嘲笑学生。

张謇在宋琳这里求学，遇到不懂的地方，经常得不到指教，但是他凭着勤奋和努力，学业还是长进不少。

同治七年（1868），已经15岁的张謇准备开始他一生的首次科举考试。

2."冒籍"秀才，遭受欺辱

张謇的高祖、曾祖以下，世代没有读书应试的人。这样的家庭，在当时被称为"冷籍"，家中的子弟如果要参加科举考试，经常会受到地方学官和保人等多方刁难、勒索，稍稍应付不当，就可能误了考期。但如果能够以一位应试成功人士的姓氏取个名字参加考试，也就是所谓的"冒籍"，就可以省却诸多的麻烦。

15岁的张謇首次参加科举考试，因其年纪小，就面临着这样的境况。

父亲张彭年对儿子考试得中满怀信心，他想避开入考前的这种困难，想出了一个冒籍赴考的办法。他多方活动之后，在宋琳的介绍下，找到了如皋人张驹，经过与张驹的磋商，双方商定，张謇冒充张驹的孙子张育才在如皋参加县试，如果县试考中，张彭年必须付给张驹酬金。

张彭年自以为帮助儿子扫清了科考出仕的最大障碍，心中落下了一块巨石，却不承想，这却使张謇走进了一场之后几年都挥之不去的噩梦之中。

张謇参加这年的如皋县试，一考得中，随后参加通州州试，但是考试成绩却不理想，名列100名之外。同乡一个姓范的学生与张謇同年，却考中了第二名。

乡里人都嘲笑张謇西亭求学，也不过如此而已。更让张謇受不了的是他的老师宋琳，看到张謇州试成绩如此之差，当众嘲笑张謇，说："如果有1000个人应试，取999名，我想，那不取的最后一名一定会是你，你还有什么希望？"

张謇顿时羞愧万分，泪流满面。

他知道这一切归根到底都是自己学业不好的结果。从这一天起，他在自己的卧室、窗户、蚊帐顶、床头、案头到处写上"九百九十九"5个字，他看到这些字，眼泪就不由自主涌出来，同时警示自己要更加用功。

为了让自己不再贪睡，他睡觉时用两根竹片夹住自己的发辫，只要一翻身，发辫被牵动惊醒，便立即起床，挑灯夜读，每夜读书一定要烧尽两盏灯油为止。炎炎夏夜，蚊虫叮咬，他就在书案下摆两个盛满水的陶罐把脚放进去，真正做到了冬不避寒冷，夏不避暑热。

考场上的不幸还是其次，张謇父子怎么也料不到冒籍应考已经让他们引祸上身。

如皋人张驹是当地的无赖，张彭年在儿子中了如皋县秀才后，信守前诺，如约偿付张驹酬金，张謇也以如皋生员的身份入如皋县学读书，谁知张驹却和两个弟弟要张謇父子再交学官所派的其他费银150两，还以其他借口让张彭年再拿80两，不久又要他们拿120两银子作为酬谢。

一波未平，一波又起，知道张謇冒考的人越来越多，许多人以向地方官举报为由进行敲诈。

张彭年知道这样下去将不堪应付，想请张謇的老师宋琳出面疏通，让张謇改填履历，归还原籍。

哪知宋琳正是这场诈骗的牵线人，而且已经接受了如皋张氏的重酬，哪里肯拆去骗局，他斥责张彭年说："要归还原籍，等金榜题名之后申请不迟，现在改填三代，张謇的功名立即就要遭革除，你们种田人好不容易出一个秀才，现在重新来过岂不是胡来？"

从同治七年（1868）开始，张謇一家走上了无穷无尽受欺、挨诈的道路，许多人不断向张家提出各种各样的要求。如皋的张驹看到张彭年父子好欺，更是变本加厉，得寸进尺，张彭年父子如果稍有差池，他们就向学官说张謇对自己不孝。张謇受学官的责骂不说，还得当着别人的面称张驹为爷爷，真是"认贼作父"，委屈含辱让张謇痛苦不堪。张彭年为了摆脱纠缠，四处托人送礼，但终是无济于事，张謇也是惶惶不可终日。

有一次，如皋张氏诬告张謇，如皋县衙派人要捉拿张謇，张謇知道被抓住后免不了又要受一顿羞辱，就连夜逃往朋友家躲避。

然而，张謇出门不久，狂风暴雨就劈头而来，一不小心，他又掉进了烂泥深达二三尺的护城河。他挣扎着爬出来，这时外雨内汗，衣服已经湿透，到朋友家的路只有3里多，他竟走了三四个时辰才到。进了朋友的家，他发现自己的一双脚已经满是血泡。

有一天晚上，张謇为了逃避敲诈和诬告陷害，竟跑了130多里路。不断地受辱常常使张謇怒火中烧，有几次他都想找一把利刃把仇人杀了，但是想到这样做会连累家庭，只好含恨隐忍。

同治九年（1870），张謇参加通州州试，取得一等十六名，也算是对他逆境求学的稍稍慰藉。但是仇家的纠缠仍是不断，张謇为了彻底摆脱他们，向学校申诉，要求革除自己的秀才，让他到南通重考。海门书院的院长王崧畦和海门训导赵菊泉看到张謇的才学，也十分同情他，他们四处为张謇说情。

知州孙云锦知道内情后，亲自调停这件事，但是也遇到了不少的阻碍。孙云锦爱惜张謇的才华，转而求助于江苏学政彭久余。彭学政出于同情，遂行文礼部，为张謇鸣屈取义。

同治十二年（1873），通州衙门收到礼部札谕："张育才改籍归宗一案，业经礼部核准，仰饬州学遵照注册。"

州学于是通知张謇重填履历，再也不称"张育才"，而是恢复原名原籍。张謇与如皋县脱离关系，成为一名通州秀才，一家人才摆脱了厄运。

张謇一家因为冒考的事情，到这时已经负债达1000多两银子，原来比较丰裕的家，已是濒临破产。张彭年的兄弟们这时提出了分家，几番吵闹，张謇分得了一身的债务。

养家糊口成为摆在张謇面前的现实问题,怎么办?张謇不得不又去求助知州孙云锦。

3. 屈为生计,游幕江宁

同治十三年(1874),张彭年在和兄弟们分家之后,就单独开炊过日子了。此时的张謇刚满21岁。

知州孙云锦调往江宁(南京)发审局任职,他同情张謇的处境,也欣赏张謇的才华,就邀请张謇到他的幕下当了一名书记员,每月的薪俸为10两,困境中的张謇立即同意了。

当时的江宁,有几个海内知名的学者主持的大书院。同治十三年(1874),张謇到江宁不久,就兴冲冲地慕名投考有名的钟山书院,授课教师韩叔起见投考的是通州秀才,就把他的考卷扔在一边。

张謇投书韩先生,直接诘问考卷的问题,韩叔起无法回答,自不理睬。

张謇于是化名再考,考卷受到了钟山书院的院长李小湖先生的赞赏,取为第一;他又以他人的名籍在惜阴书院参加五经古课考试,院长薛慰农先生也把他取为第一,两个院长指名要见张謇。

不久后,许多人都知道了张謇投书韩叔起的事情,惜阴书院的薛慰农还责备韩叔起见贤不举、压制人才。

张謇觉得自己出了一口闷气，就把此事告诉了自己的上司孙云锦，孙云锦把张謇给韩叔起的信的草稿要来看了以后，责备张謇说："你真是阅历太浅，少年气盛，遇事要沉得住气，不要意气用事。"

张謇也觉得自己有些过分，就由孙云锦代自己向韩先生道歉。

同年5月，张謇再次投考钟山书院，考取第一名，他登门向韩叔起先生致谢，韩叔起以"耐烦读书，耐烦苦处"来劝诫他。张謇对自己的"鲁莽"行为作了诚恳的检讨后，江宁的文化圈终于接纳了这个来自通州的白衣秀才。

张謇进入江宁的文化圈后，以强烈的求知欲，向江宁名师学习"治经、读书、为诗文之法"。

张謇受教最多的是桐城派大师张廉卿，在张先生的指导下，张謇的学术思想和治学方法产生了质的飞跃，摆脱了一般制艺、八股文章的僵化格局，领悟了桐城派将义理、辞章、考据融为一体的治学方法。

他觉得自己的心胸顿时豁然开朗，仿佛看到了自己还应该能做些什么。

这年6月，张謇随孙云锦到淮安查勘渔滨河积压讼案，他看到现实的农村生活与他在江宁听到的截然不同，虽然他也出生于农家，但淮扬地区农村的极端贫困，农民衣不蔽体、食不果腹的饥寒生活，让他触

目惊心。强烈的刺激使他诗兴大发,这期间他写下了十余首现实主义的诗文,其中有这样的诗句:

> 谁云江南好,但觉农妇苦。头蓬胫赪足藉苴,少者露臂长者乳。乱后田荒莽且庑,瘠人腴田田有主。

他还写道:

> 建炎时事重江淮,故垒萧萧说将才。
> 欲问中兴宣抚使,愁云无际海潮来。

他渴望有南宋名将刘光世、韩世忠经略江淮的功名,为国家建功立业。

同治十三年十二月(1875年1月),张謇告假回乡探亲,虽还谈不上衣锦荣归,但也称得上是否极泰来。当张彭年接到儿子奉上的100两俸银时,不禁喜出望外,他将白银供奉在祖宗神位前说:"我们这里那些名望很高的老师,收许多学生,一年下来,也不过是这个样子,你竟能一出门就得到这么多!"

这时元旦已近,张彭年为儿子迎娶了海门徐氏。徐家原也是当地的书香门第,新娘子徐端知书达礼,三朝过后便将罗裳换掉,荆钗布裙,汲水作饮,在公婆面前也是孝敬有加。

新婚3个月后，张謇回到了江宁发审局，由于同事之间的关系紧张，彼此摩擦渐多。7月，张謇离开了发审局，借住惜阴书院，悉心读书。

辞去了发审局的工作，也使他有一种浮萍无根的感觉。然而也就在这时，他认识了一位终生也不敢忘怀的恩人——吴长庆。

4.抓住机遇，投入庆军

吴长庆是安徽庐江县人，在太平天国起义的时候，中原地区的捻军与太平军遥相呼应，四处攻打清朝的地方政权。吴长庆和他的父亲举办了团练，进行地方自保。吴长庆因为军功后来升到了总兵、水师提督，当时人们把他的部队称为"庆军"。

吴长庆与孙云锦有通家之好，年龄也比孙云锦大些。他器重孙云锦的学识和品行，在驻军江苏浦口期间，经常自浦口轻车简从到孙云锦处来谈些时事经纬。

吴长庆也常听孙云锦说起张謇这个人，有时看到张謇的文章，觉得张謇也确非凡才。

张謇离开发审局的事吴长庆很快就知道了，他亲自到惜阴书院拜访张謇，同时盛情邀请张謇到他的军营中小住。这让张謇感动不已。

吴长庆为人仗义疏财，礼贤下士。张謇后来曾写文章称赞他道："爱士而门左千客，门右千客；罗贤而朝拔一人，暮拔一人。"他的幕府中学者、名人可以说不可胜数，颇得当时清议的好评。

张謇受到他的礼遇，心中又涌起了投身于他，做一番大事业的雄心。他在诗文中表达自己的愿望："骏骨从来能得马，好收骐骥共殊勋。"

他希望吴长庆能够成为朝廷振兴的有为之臣，期望他像三国时期的卢植那样"高勋照图丹"，也盼望自己能在追随吴长庆的过程中，青云直上，"朝鱼而暮龙，功名蜕侯伯"。

在吴长庆的一再邀请下，张謇大约于光绪三年（1877）六七月份投入了庆军，做起了吴长庆的幕僚。吴长庆对张謇入幕非常高兴，他每月给张謇俸银20两，让他参与军中要务，起草重要函牍，又在府宅后为他构筑茅庐5间，让他能静心读书和办理公务。

入幕的生活闲适而安定，他除了负责军旅日常文书之外，仍然师从张廉卿先生学习古文。在庆军中，他还结识了同在庆军幕府的泰兴朱铭盘、武进何眉孙、海门周嘉禾等人，彼此之间常诗酒唱和。在这期间，由于他才华出众，还得到了两江总督沈葆桢、学使夏同善等人的赏识。

光绪五年（1879），张謇的生母金太夫人去世，临终时告诫张謇："科举是出人头地的归宿，为了光耀门楣，一定要科考求成。但你性刚语直，最好不要当官。"慈母的遗言，张謇深深地记在了心里。

光绪六年（1880），吴长庆升任浙江提督，奉命进京陛见，张謇作为随行人员同赴北京，张廉卿因为有事去济南，与他们一道同行。一路上，张謇看到张廉卿先生在颠簸的骡车中手握牙管悬肘苦练书法的刻苦精神，深受感动和教育。

到了山东，吴长庆一行登泰山，观岱庙。张謇还为吴长庆在山上题石留念："光绪六年四月，浙江提督庐江吴长庆入觐道此，偕乐平彭汝云、崇明杨安震、通州张謇登岱陟顶，庆于兹山凡六游，而陟顶且三度矣。"

张謇到北京后，趁着空闲的时候，游览了紫光阁、陶然亭、龙泉寺等名胜，他在这里还结识了桐庐袁昶等名士，看着他们气象俨然的样子，他自己也有了鸿鹄高翔的感觉。

吴长庆在北京觐见光绪皇帝后，一行人旋即南下。他们在到达天津后即乘船浮海返苏。

这时，张謇的学问也是日精月深，他已经由经入史，深读《史记》《汉书》，逐渐领会司马迁、班固通经治史的要义，但是这期间他两度乡试，却名落孙山。

光绪六年（1880）冬，吴长庆调补广东水师提督，并奉命督办山东海防，兼帮办山东全省军务，吴长庆率军到了登州，张謇随军前往。在登州他登临蓬莱阁，耳闻近处惊涛拍岸，远眺水天一色，他写下了这样的诗句："微闻玉帛方修好，却倚危栏日听涛。"

吴长庆到山东后，经常与张謇等人筹划海防，但是和战大计都操于清朝廷，山东海防计划常沦为空谈，吴长庆名为守边，实是赋闲。

张謇眼看国势渐颓，每日虽与同事漫步海滩，表面上显得清闲，心中却充满着苦闷，有他当时写下的诗文为证：

> 锦衣仗节空都护，墨经临边有上卿。
> 坐使积薪仍厝火，牺牲玉帛任寻盟。

他对权臣误国痛恨之情字字可见。这时候他开始更认真地学习《老子》《庄子》等黄老无为之学，寻求解脱。

5. 长庆军中，识袁世凯

光绪七年四月，也即1881年5月，庆军驻防山东已近半年。这天，手下人来报吴长庆，他的一个朋友的继子前来投奔。吴长庆看到来人，才知道是自己过去的结拜兄弟袁保庆的嗣子袁世凯。

袁世凯字慰亭，河南项城人，从小不爱读书，是一个游手好闲的浪荡子弟。因为他经常在乡里做一些坏事，乡里人痛恨他，常用办法收拾他。袁世凯不愿意受乡里人的惩罚，听说嗣父的朋友吴长庆驻扎在山东，奉旨督办海防，用人一定多，就带着嗣父的旧部数十人来投奔吴长庆了。

吴长庆在山东的海防开展得并不顺利，看到袁世凯率数十人来，实在无法安插，就只留下袁世凯在营里读书，其他人给钱全部打发回去。看在朋友的面子上，吴长庆每月给袁世凯10两银子的零花钱。

张謇奉命督促袁世凯读书，发现他学无根基，基础太差，教他写一篇八股文，竟然不能成篇，文句之差，张謇竟不能下手修改，袁世凯也觉得学习十分头痛。

学习虽然不成，但袁世凯却表现出了较强的办事能力，凡是交他办理的事情，他都能办得井井有条，不出差错。

有时候，张謇和他谈起国家大事，发现他对清王朝面临的危机有清醒、深刻的见解，同时大有天下兴亡、匹夫有责的英雄气概，张謇这才知道袁世凯的投军并不是为了混一碗饭吃，而是怀着宏图大志来的。于是，张謇与幕友朱铭盘商议，向吴长庆推荐袁世凯。吴长庆决定派个差事给袁世凯，他问袁世凯有什么官阶，袁世凯回答说曾经捐过一个中书科中书，于是吴长庆下文，委任袁世凯为营务处帮办，月给薪银30两，并派给他勤务兵2名，供他差遣。

袁世凯有一长处，他自从在庆军中蹲下来之后，上对吴长庆，下对千百长，无不礼貌有加，虚心请教。尤其在张謇面前更是彬彬有礼，唯唯诺诺。张謇身边却也需要这样一个人。

张謇因此常在暗地里对吴长庆说："慰亭（袁世凯）文章虽非所长，但办事却颇干练。"

光绪七年（1881），朝鲜的事态发展到了不得不采取行动的地步。国王李熙过去年幼，由其父大院君李昰应摄政。但是李熙年长以后，李昰应并不愿意交出摄政权，而李熙的王妃闵氏却是一个精明强干的女人，她联合心腹权臣很快掌握了政权。朝鲜宫廷的权力争夺，也直接掀起了朝鲜的宗主国清政府与日本之间的外交和军事冲突。

光绪八年（1882），由于欠饷数月，朝鲜军队发生了骚乱。乱军攻占王宫，杀兴寅君李最应等人，并袭击日本使馆，王妃闵氏出逃，史称朝鲜"壬午兵变"。此后，一向守旧排外的朝鲜大院君李昰应乘机重掌大权。然而，日本也趁机出兵，借口要朝鲜赔偿损失，必须与日本签订城下之盟。这时，朝鲜才感到事态的复杂性和严峻性，紧急向清政府请求派兵支援。

这时，北洋大臣、直隶总督李鸿章正因母丧丁忧，朝廷让两广总督张树声代理北洋大臣。张树声主张对日强硬，他接到朝鲜事态的情报后立即派海军提督丁汝昌邀请吴长庆到天津，会商对日办法，张謇随行。

这年8月8日，吴长庆和张謇乘海轮赴天津，船到大沽口的时候，张树声派人在码头专候，立即把他们带入公馆。随后，吴长庆和张謇未及洗涤征尘，张树声和幕僚何眉孙来访，4人商议了对日本军事行动的方案。

8月11日，天刚破晓，吴长庆和张謇乘轮返回登州。次日，吴长庆向所部官兵下达了预备开拔的命令。

8月16日，吴长庆亲率六营大军乘兵轮出发，张謇随吴长庆同舰赴朝鲜。

吴长庆命张謇"理画前敌军事"，这对张謇一介书生来说，是一个陌生的任务，于是他要求派袁世凯为佐理。这一年，张謇29岁，而袁世凯只有23岁，可以说是两个少壮派处置前敌军务。

部队于8月22日到了朝鲜，吴长庆命某营官率队先行，但是此人推说士兵刚下船还不适应，请求缓行，吴长庆大怒，下令把此人交军法处看管，改令袁世凯代理该营管带，并给予令箭，有不服从的，即行正法。袁世凯奉命后，立即部署，两小时内就绪，待命出发。

次日黎明，袁世凯率兵登陆，吴长庆与张謇率全队殿后。

朝鲜大院君李昰应在得知清朝派兵到朝鲜的消息时，心里惴惴不安。事先他并未向清朝请援，而国王李熙又被禁与外界交往，不知清军此来何意。自从接到吴长庆的来函，说此行系奉旨平乱，助大院君安定大局，李昰应心中大喜，想乘机废掉李熙，准备和吴长庆深相结契，命多备犒军礼品以结欢心。

袁世凯驻营以后，命令哨官吴琪加意戒备。在路上他选择了万利村这块地方作为清军大帅行辕，并在村周围安排好大军的宿营营帐。在一切准备就绪后，他率队策马往迎大军。

吴长庆在行军途中，遥见对面有一彪人马，旗帜鲜明，飞驰而来。正待叫人探问时，袁世凯已纵辔而来。来到近前，袁世凯翻身下马，躬身禀见。

吴长庆在马上瞧着袁世凯那副神气，笑对张謇道："这孩子能办事。季直，你眼力不错。"张謇因袁世凯在侧，便道："大帅量才拔擢，我本当然知勉。"

袁世凯向吴长庆报告："先锋营已进抵屯子山，现已在万利村安排了行辕和大军营地，请大军到万利村暂驻。"

吴长庆将袁世凯唤到近前道："慰亭！你办事不错。你可知道这次的试用，乃张先生的力荐，朱先生的力赞啊！"

袁世凯叩谢了大帅的栽培，又谢了张謇的推荐之情。张謇忙在马上还揖道："大帅留意人才，此次提拔，是大帅知人善任。我与朱先生并无可谢之处，希慰亭忠于王事，毋负大帅的期望就行了。"袁世凯连连称是，叩辞了吴长庆返身上马，赶赴万利村料理一切。

6.巧施妙计，朝鲜平叛

大帐中，吴长庆与张謇密议对付李昰应之策。张謇献计道："擒贼擒王。李昰应不除，朝鲜不安。大帅宜如此、如此，释其疑虑，然后以甘言诱之。若李昰应回拜，则大事无忧矣。如他心怀疑惧，不肯轻率前来，必是想借日人势力，与我对峙，行其废立之谋，则我们不能坐待日军来增添麻烦。我们先陈兵于汉城内外，大帅邀大院君共谒国王，乘机在宫中将李昰应拘留起来。李昰应之党一瓦解，朝鲜政局一安，日本人就无所借口了。"

吴长庆依了张謇之谋。第二天一早先命人奉书送李昰应：吴长庆以援朝大臣身份拜访大院君。李昰应见吴长庆竟先来拜访他，又心中欢喜，想借此窥探吴长庆对他的态度怎样以定下一步行止。

吴长庆正准备要往大院君府邸的时候，袁世凯忽然进帐请罪。他向大帅报告：部下军士数人在驻地附近掠取了朝鲜百姓的鸡鸭鱼肉之类的食物，给清军声誉造成不良影响。

吴长庆勃然大怒道："你已查明了吗？"

袁世凯吓得急忙道："卑职已经将肇事7人，依军法从事。现将首级7颗交大帅呈验。"吴长庆立刻转怒为喜道："这就对了！"

后来有人做了一首讽刺诗道：

> 本是中州假秀才，中书借得不须猜。
> 今朝大展经纶手，杀得人头七个来。

吴长庆见时间不早了，便带参将马建忠充当翻译，丁汝昌、张謇一武一文随行，都司何增珠只率亲军100名卫护。

这一天，吴长庆为显示身份，身着九蟒五爪盘金蟒袍，外罩天青缎仙鹤补子，大帽上大红起花珊瑚顶戴，翎管插三眼花翎，项挂过胸朝珠，足登乌绸粉底靴。乘坐8人大轿，8名戈什哈左右护轿。轿子后面是丁汝昌、马建忠全副武装，各带亲兵4名，策马徐行。最后面何增珠戎装佩刀，乘马率领100名亲军护行。一行人马浩浩荡荡直趋大院君官邸。袁世凯在沿途布置了行哨。

大院君李昰应一见门吏递上大红名刺，见上写："大清国特命援朝大臣，从一品广东水师提督吴长庆"，立命鸣炮奏乐迎接特命大臣。官邸门外有4名文武官员拱立恭迎，门内肃立着20名佩刀侍卫，8名侍卫和2位文官随着大院君出邸恭迎。此时李昰应戴分头软翅幞头，着幞色暗龙锦袍，足穿红缎绣金登云履，一副摄政王的气派。

提标郑天贵跪禀："大院君离大轿不远。"吴长庆立命下轿恭候。李昰应见吴长庆下了轿，连忙抢行上前，和吴长庆相互见礼。马建忠紧随吴长庆，用朝鲜语向李昰应表达了吴大帅对大院君的仰慕和问候。

李昰应也问候了吴长庆，谢了他的奉命来援之德，邀入邸中行宾主之礼。吴长庆命随行护卫留在府邸外面，仅命何增珠带4名亲军跟随。便偕同张謇、丁汝昌、马建忠，由李昰应陪入正厅分宾主坐下，便有侍女4名分别在宾主座上献了香茗后退下。

吴长庆向李昰应传达了清朝政府对朝鲜的关切之意，又代北洋大臣张总督向李昰应致了问候。在交谈中，吴长庆盛赞大院君的政绩，并斥责国王李熙听谗言失民心，希望大院君要当机立断，应天顺人，要以国事为重，千万不能姑息守旧。

李昰应听了这些话心中大喜，并向吴长庆道："昰应已命人在京城南门外，南坛那里专为吴大将军设了公馆，一切服侍人员俱齐，并派有侍卫30名在公馆里作护卫。"

吴长庆当即谢了大院君的盛意，表示回去后就迁入南坛公馆，并邀请李昰应第二天到公馆里，对朝鲜面临的问题，商谈应对之策。李昰应满口答应，次日一定答拜，共商当前国是。

少顷，李昰应将吴长庆等4位请入延庆堂就席，正中一席为贵宾席，上首一席略侧为主人席，下首侧面两席为随员席，正中右后为贵宾的通译席，上首左右为主人的通译席。桌椅一律是大红缎绣花披垫，桌围桌披非常富丽。张謇把厅堂打量了一番：这是一座九架梁五开间的殿宇，画栋雕梁，竟和王宫内院一样。

吴长庆等辞了李昰应回到行辕。鱼允中密报：日本军队已经要到仁川港了。据悉日本军队准备从仁川港登陆，直扑汉城。

张謇朝吴长庆道："大帅！事不宜迟了。"吴长庆微微点头道："当然啰！季直，南坛公馆，你看去不去？"

张謇即道："岂可不去！大帅之意是否认为南坛公馆定有文章？我也料到，但我们这时一定要使大院君消除顾虑。大帅可即命人前去吩咐公馆里的人，将大帅寝室、厅堂打扫洁净，准备明天接待大院君的回访，以便设宴答谢。"

果然这里一去通知，那公馆里的人便立即上报与李昰应知晓。李昰应心中大喜。如今得了清朝名正言顺的支持，比借重日本人强得多了，他便命人安排第二天答拜吴长庆的礼节和随行仪仗。当日晚间，他召集党羽，共商大计。他的部下巴不得李昰应早正大位，废掉李熙，捕杀闵妃，将闵氏余党一网打尽。

吴长庆这天一早就迁入南坛公馆，命将犒军礼物收下，重赏了来使，并告知大院君，他将在公馆恭候。这南坛公馆原是朝鲜国王举行郊祀的一座行宫，吴长庆避开正殿不住，只住在后面的畅春院里。院子里面厅堂书房俱全，还有花木假山。吴长庆的寝室就设在延祜堂里。

吴长庆正和张謇站在假山前面的金鱼池畔，看池中金鱼倏忽往来，优哉游哉，毫不避人。吴长庆慨然叹道："季直，这池中游鱼是多么自在啊！"张謇正待答言，忽然门卫来禀："大院君驾到！"

吴长庆早就派了丁汝昌、马建忠带着从人，在离公馆半里途中恭迎大院君。吴长庆得报，知是丁汝昌已迎着了李昰应，便朝张謇会意地一笑道："季直！来得好啊！"他们偕步出后院，通过殿前的玉石甬道缓缓来到大门边时，袁世凯已从大门外抢步进来，行了军礼，禀道："大院君前仗已抵公馆门外。"吴长庆道："知道了。你只要依张先生的吩咐行事，下去吧！"

袁世凯只应一声"遵命"便退出。

李昰应今天虽然是摄政王的装束，可是却未用仪仗。因今天要和吴长庆密商大事，故不带从官，只命洪英植随同兼充翻译,命侍卫武官梁宪洙率领80名亲卫护行。丁汝昌和马建忠在道旁迎着时,先上前行礼,然后说吴大帅在公馆门前恭候大院君驾临。李昰应安坐紫骝马上,由两名佩刀侍卫控辔徐行。他对丁汝昌和马建忠远迎劳苦,表示感谢。

丁汝昌等一面在前引道,一面飞报吴大帅:"大院君驾到!"在李昰应尚离公馆有四五十步远近时,吴长庆已朝服出迎,笑容可掬地迎上前去,后面只张謇随着。

李昰应由侍卫扶着下了马,和吴长庆相互道了乏,便被邀入公馆,到院中厅上叙坐奉茶。梁宪洙等一行人众,由袁世凯带人陪着在大厅对面的照厅里休息啜茗。

吴长庆在坐定饮茶时,向李昰应道:"承大院君枉驾,长庆甚感荣幸。据报日本派出的军队已近仁川,大院君知否?若日军一到汉城,对大院君的行事,恐有不便啊!若闵妃之党,与日人勾通,势必要有麻烦了。建议大院君要果断而行,事在速决。大事既定,则可止住日人前进。依愚见要速定良策,立即施行方妥。"

吴长庆的这番话,正合李昰应之意。李昰应便道:"正要向阁下求计,日人行动有所耳闻,望明公教我!"

吴长庆见时机已到,便起身道:"请到书房密议。"当下吴长庆让李昰应在前,自己随后。洪英植、张謇、马建忠相继跟在后面。吴长庆吩咐刘长贵在厅上设席等候，命何增珠款待大院君的随从，不得怠慢。

吴长庆刚和李昰应在书房正间的锦炕上坐下，忽然见丁汝昌匆匆地到了书房外的走廊处。

吴长庆忙起身一声咳嗽，从两边房间里，登时拥出20名彪形大汉。李昰应惊问："这是些什么人？"

说时迟，那时快，李昰应和洪英植两人已被擒住。那李昰应这时才知道中了吴长庆之计，可是后悔已晚了。

丁汝昌随即率领精卒200名，将李昰应押着从后院门出去，连夜径奔南阳港，冒着大雨将李昰应押上了登瀛洲兵舰，送往天津由北洋总督府安置。

随后，洪英植、梁宪洙和80名亲卫也被袁世凯全部关押起来。

张树声见丁汝昌已将李昰应抓到，想不到吴长庆竟如此神速。他立命何眉孙督率督标刘得功，将李昰应解往保定妥为看押，仍命丁汝昌速往朝鲜。他心知李昰应一拘，朝鲜之乱指日可平。屈指计算，前后只有一个多月的工夫就成此大功，心中甚是欢喜。

李昰应的党羽见他当天未回，第二天一早纷纷到李昰应官邸探问，哪会有消息！可是吴长庆这天一早就身穿朝服率军三营进驻朝鲜王宫，将守驻王宫内外的军兵交张光前营中看押，面请国王李熙临朝施政，并命马建忠率军一营驻护王宫内外。

吴长庆到了宫中，依客卿之礼见了国王李熙，备述大院君心存不轨，现已将其押往中国，望国王召集旧臣临朝下诏，晓谕乱军乱民，勿再负隅顽抗，悔罪、归顺者赦；只惩首恶，胁从不治。

这时，朝鲜一班文武旧臣尹泰骏、闵台镐、闵泳穆、赵宁夏等，听到国王之召，纷纷入朝见驾称贺，皆官复原职。那李昰应的党羽除被关押者外，均已因害怕而逃走了。吴长庆命令吴兆有率领袁世凯的先锋营和右营一营，前往梨泰院、往十里一带剿抚，不许滥杀，以抚为主。

张謇受命审理叛乱案件时，见参与叛乱的军民畏罪号哭，心中不忍，便晓谕他们道："今首恶已擒，不服者已诛，你们均属盲从，今天都予从轻发落，概不究治。只许回去各安生计，不许再生事端。"这些人犯喜得很，欢声雷动，泣感吴大将军恩德如天。

在朝鲜内乱迅速得以平定的时候，朝鲜国王却接到日本驻朝鲜公使竹添进一郎的照会，不仅要朝鲜国王将杀害日本教官堀本礼造的凶手移交日本处治，还要朝鲜赔偿毁坏日本使馆的全部损失并惩治破坏使馆的"人犯"。

原来受日本派遣，率军来朝的井上馨到仁川时，听说清朝大军已进驻汉城，大院君已被送往中国，东学党已失了势，感到进退两难，深恐被列强耻笑。竹添进一郎却想了个恫吓朝鲜国王的办法，他与井上馨联名会衔，向朝鲜国王李熙递交了一份照会，并限3天以内给予答复。若迟延不答或答复不满意时，井上馨便率军进驻汉城，立待圆满答复。

尹泰骏等便奉王命来向吴长庆求计。吴长庆问张謇："张先生，你说呢？"

张謇笑道："日本照会，色厉内荏，不足为惧。我们可拟一份复照让他下台。否则他兴师动众而来，悄无声息地回去，岂不要惹人家笑话吗？"

当下，张謇与朝鲜大臣尹泰骏共拟了一份复照，先由吴长庆阅过，然后奏请国王批准，誊送日本使馆。复照大意是："其一，贵国国民堀本礼造先生，生前受敝国之聘，为军事教官，其本人及其妻子儿女亦已转入敝国之籍。堀本先生不幸于此次敝国乱军中罹难，敝国已依大臣忠于王事例，从优恤葬，以表忠烈。对肇祸首恶，已遭显诛，可慰堀本先生于泉下。其二，贵国使馆曾遭乱军破坏，日内即饬有司加紧修复，务崇旧观。敝国素重睦邻，决不失两国之和也。"

这份复照，说得冠冕堂皇，却毫无任何责任。

日本的井上馨只得无奈转对驻朝鲜公使竹添进一郎道："看来只好如此收场，等待机会再说吧！那些东学党的人，还有利用之处，你在这方面要多多留意。"

吴长庆接受北洋大臣之命率师援朝，先后只不过个把月的光景，便迅速平定了朝鲜之乱，大有兵不血刃、指挥若定之势。

吴长庆认为这次当推张謇为首功，拟在专折中申叙上去。被张謇得知后向吴长庆力辞叙荐，一心要从科第入仕途。

吴长庆叹道："季直既然志不可夺，那就再说吧！"恰巧这时军中的军事支应所委员出了缺，张謇就向吴长庆推荐他三哥张詧堪充此任，赴朝鲜任职。

张謇代吴长庆拟了叙功专折，吴长庆立命张謇电召张詧，速来禀请北洋大臣鉴转后，将洪英植从看管的营中唤到身边，温言相慰。张謇明知洪英植是个东学党，李昰应借东学党和日本人勾通，就是由于洪英植的关系。可是张謇并不揭穿洪英植的身份，假意认为他是李昰应的私党。于是，劝洪英植弃暗投明，向国王力保他仍任旧职，叫他暗中探听李昰应旧部的动静和东学党的活动情况。

洪英植说出了金玉均是东学党的党魁，和日本浪人有来往，对东学党的秘密愿尽力搜集向张謇报告，来答谢救命之恩。张謇用的是以鬼济鬼之策，对洪英植的行动暗中派人监视。张謇的这个做法，深得吴长庆的赏识和赞许。

到了1882年9月8日，朝鲜政局基本稳定。

9月9日，直隶总督、北洋大臣李鸿章假满回任，吴长庆到天津述职，张謇也与吴长庆一道回国，吴长庆把朝鲜庆军的日常事务都交给袁世凯办理。袁世凯由此进入了他人生历程的新阶段。

7. 撰文治论，重返科举

朝鲜内乱的暂时解决，挫败了日本企图吞并朝鲜、进攻中国的计划，但是列强吞并朝鲜的野心并没有破灭。朝鲜之行，使张謇清醒地看到了保护朝鲜的重要性。

朝鲜介于中国、日本的要冲，朝鲜的南部，与日本仅隔一个海峡，轮船由朝鲜的釜山海口到日本，只需要6个小时。朝鲜的中部和北部与中国东三省接壤，朝鲜不保，中国东三省就面临威胁。就日本和俄国而言，日本要防止俄国进攻东亚，俄国要防止日本进攻西伯利亚，朝鲜都是重要的战略要地。

张謇作为吴长庆的幕僚，参与了庆军重要事务的决策，他以自己的学识先后写了《壬午东征事略》《乘时规复流虬策》《朝鲜善后六策》等政论文章，其中尤以《朝鲜善后六策》治论最为深刻。

在这篇文章中，张謇检讨了朝鲜问题的来龙去脉，根本解决朝鲜半岛危机的多种策略计划。文章提出解决朝鲜问题的几个步骤：(1)通人心以固国脉；(2)破资格以用人才；(3)严澄叙以课吏治；(4)谋生聚以足财用；(5)改行阵以练兵卒；(6)谨防围以固边陲。

张謇在极短的时间内草就了《朝鲜善后六策》，他希望张树声在代理北洋大臣、直隶总督期间，能够选择几个方案，让政府批准执行，定为中国对朝鲜的长久政策。

谁知这篇由张謇起草、吴长庆代奏的呈文，因为交通不便、旅途耽搁，送到天津的时候，张树声还没有来得及反应，李鸿章已经假满回任，张树声只好把《朝鲜善后六策》交给李鸿章。李鸿章看了这篇呈文，认为是多事，把它扔在一旁。

张謇以为此事告一段落，谁知张树声的儿子张华奎当时在天津休假，他在父亲的军营中看到了这篇文章，就把它抄录下来，带到了北京。

张华奎那时是某部的捐纳郎中，他把这篇文章在同僚之间传阅。很快京城都知道了这篇文章，有几位重要官员到总理衙门和军机处询问他们对《朝鲜善后六策》的看法，而两个部门没有接到李鸿章的上奏，根本不知道这篇文章，一时间京城舆论大哗。

南派清议首领潘祖荫、翁同龢立即支持这篇文章，并由侍郎宝廷把文章抄录上达皇帝和太后。但慈禧太后没有看重这篇文章的观点。

李鸿章看到《朝鲜善后六策》引起了朝廷的重视，他痛恨吴长庆在自己不在的时候大谈什么外交问题，尤其是个别御史在上达皇帝、太后的奏折中，竟对自己大加攻讦，于是李鸿章决定对付吴长庆。

李鸿章在吴长庆回国述职的时候，就让部下传言他想把庆军交给马建忠。吴长庆听到后，立即就要辞职，幸亏他的两个朋友袁保龄和周馥从中进行了斡旋，李鸿章才没有对吴长庆立即下手。

张謇看到吴长庆已经是艰难度日，自己在庆军中前景黯淡，决定逐步归退。

光绪九年（1883）秋，他把自己的哥哥引入庆军，自己提前告假回乡。

光绪十年（1884），李鸿章命吴长庆调防奉天，把他的部队一分为二，庆军终于被李鸿章瓦解。

这年5月，吴长庆一病不起之时，非常想念张謇。他去函催请张謇面见，张謇接信后从上海乘船赶到金州，发现吴长庆已经病入膏肓。

7月13日，吴长庆去世。他手下的幕府宾客这时都向粮台索取金银，不达目的，就恶声相向。

吴长庆可以说对张謇有知遇之恩，他的去世使张謇对世道人心颇感失望。他后来写道："观人于不得意时，于不得意而忽得意时，于得意而忽不得意时，经此三度，不失其常，庶可为士。"

光绪十年七月，也即1884年8月，张謇终于离开了庆军，又开始了他之后的科举蹉跎路。

8. 广交朋友，结识清流

两广总督张之洞早就听说过张謇这个人，吴长庆死后，便派人礼聘他入幕，北洋大臣李鸿章也因为张之洞推荐的缘故，派人来专聘，但是张謇一概予以回绝。他是个重气节的人，不会在恩主死后立即投入他人的怀抱。

他曾给朋友写信说："吾辈如处女，岂可不择媒妁，草草字人。"

张謇没有想到，他拒绝张、李二人，反而提高了他在士林中的威望，当时的人常说起他"南不拜张，北不投李"的铮铮铁骨。

张謇虽然拒绝了南北两督府对他的礼聘，但他仍然想通过自己的努力，走"学而优则仕"的道路，他的父亲张彭年更是朝思暮想，指望儿子早日金榜题名，光耀门楣。

张謇离乡数年，他对自己的学术水平抱有充分的信心，他在给袁保龄先生的信中写道："明年当入都，挟事所素业，刻励以求于世，观其合否。"

但张謇更不知道的是，这时候，当朝的清流已经注意到他这个年轻有为的知识分子了,他们对他寄予厚望,并有意识地帮助、举荐他,让他尽快走完科举道路,取得踏上政治舞台的资格。

清流们愿意帮助他,有他们自己的想法,张謇的才、识、学在各种各样的考试中已经得到了充分的体现,他在庆军的幕僚生涯更让他声誉鹊起,他们希望张謇加入他们的阵营,壮大他们的力量。

当时清流首领潘祖荫、翁同龢等南方人更是把张謇作为自己的同乡加以提拔。

光绪六年(1880),继任江苏学政的黄体芳是当时清流的砥柱之一,他对张謇也是多加关照。

光绪十一年四月,也即1885年5月,张謇满怀信心,经江宁前往北京参加顺天乡试。他结识了黄体芳的儿子翰林黄绍箕,还有沈曾植、盛昱、梁鼎芬等清流名人。

7月,在盛昱主持的国子监考试中,张謇被取为第一名,录为第四名。

10月,张謇参加顺天乡试,高中第二名,这是他参加科举考试以来最辉煌的胜利,从顺治年间大清朝开科取士至今200多年,南方知识分子在顺天乡试中被取中的只有3个人,张謇便位列其中。

顺天乡试的高中,使张謇觉得自己的努力没有白费,尤其是让为自己操劳一生的父亲有了焦灼中的一丝慰藉。

清流首领潘祖荫、翁同龢也前往他寓居的关帝庙看望他，这让张謇感动不已，潘、翁二人还为他的《乡试录》作序，并与他确立了师生的关系，并希望他等待礼部会试，早日状元及第。

但可能是命运捉弄人，张謇此后却在1886年、1889年、1890年、1892年4次礼部会试中连续落榜。

从光绪五年（1879）张謇第一次参加科举考试开始至1894年，他已经在科举的道路上消磨了15年的大好时光，这15年是他人生中最宝贵的时光，连续落第使他的自尊心几近崩溃。

他的落第也让清流们大失所望。自从张謇顺天乡试高中以来，南派清流潘祖荫等人利用自己的主考权力，在四次的礼部会试中都暗中识别他的卷子，他们不仅希望他进入录取范围，而且还要让他名列前茅。

但多次的摸索都未能如愿，其中有一次，他们还误把无锡孙某的试卷当成是张謇的试卷，让孙某高中，潘祖荫为此气愤不已，拒不接受孙某的拜见。

光绪十三年（1887），张謇第一次礼部会试不中后，江宁知府孙云锦调任开封知府，邀请张謇随同赴任，协助治河救灾。这年秋，黄河在郑州决口，堤毁30余丈，迅速扩大到200余丈，黄河横溢四五十里，无数百姓受灾。张謇奉命乘舟经中牟二三堡察看水情，发现残堤所存防水材料已被水冲走，灾民以柳枝蔽体，栖息堤上，人畜死亡难以计数，张謇向孙云锦汇报的时候，禁不住泪如雨下。

10月，他受河南巡抚倪文蔚之托，代拟治河方案《疏塞大纲》，他以自己丰富的学识，力主恢复黄河故道。当时北洋大臣派来的外国工程人员也提出了类似的建议，但是奉旨勘查黄河的钦差大臣李鸿藻认为这个方案工程浩大，未予采纳。

张謇又提出了第二方案，建议"以切滩取直法"治理河南弯曲凶险河段，就地形水势引直河道，并主张引进机器施工，但管事的人认为不合旧俗，予以拒绝。

张謇觉得这样下去黄河永远治理不好，于是在这年冬天冒着大雪回到了自己的家乡海门。他决心在自己的家乡干一番事业。

他数次从上海经过，看到上海是生丝、丝绸的出口商埠，可是毗邻的通海地区却不植桑养蚕，丝绸刺绣业也未能够得到应有重视。他便想到有朝一日当自己有力量有势头时，一定要把丝绸业发扬光大、远销海外。

光绪十二年（1886），他帮助父亲从湖州集资购来桑苗，鼓动乡民赊购，并且分送《农桑辑要》，他还请求海门地方官劝乡民兴办蚕桑，但乡民们对此反应冷淡，应者寥寥。传统的劝农方法不行，他又采用集资开办公司的方法，推销桑秧，由乡民自定购买数量，只记账，不付现金，3年后乡民卖桑叶供给公司养蚕，从付给乡民的现金中扣去树本和2分利息。

经过他的努力，到1896年，通海地区已经开设了3个蚕行，通海地区的桑树已经超过了100万株，丝绸与刺绣业也得到了长足的发展。

在家乡这一段时间，他的学术研究也颇有成果，他陆续完成了《释书谱》《说文或从体例错出》《蜀先主论》《赣榆县志序》《督抚提镇即古诸侯说》《周易音训句读》等创作。这些著作是因事而发，虽不具学术研究的系统性和理论性，但反映了张謇的思想正随时代的变迁而发生某些变化。

在方志的编修上，他更有自己的独到见解。他提出方志的侧重点应在"疆域之沿革""民生之利病""人物之去取"等有重要现实意义的篇目。

在篇目的安排上，他认为应将食货、学校放在军政、官师、人物各目之前；在编纂的方法上，他突破了旧志拘泥于文献资料的偏向，提出了注重实际调查，搜集口传资料的方法；同时要求方志记事应遵循真实性的原则，图表使用应准确无误。

他还认为知识分子不应该有门户之见，应该是"从学之途，不限一辙"，这时的张謇似乎已经放弃了科考取士的目标。1892年，他第四次会试落第的时候，将应试的文具用品都扔掉了,他已下定决心走一条造福乡梓的道路。

9. 恩科状元,横空出世

光绪十九年(1893),中国虽说有"同光中兴"(同治、光绪时期因洋务运动开展,清朝统治出现"暂时和好"的局面)之兆,但不可避免的是国力已全面走向衰弱。北方邻国俄罗斯,东边邻国日本,都虎视眈眈地觊觎着中国和朝鲜,存在侵略之心。

第二年适逢慈禧太后的六十寿辰,光绪皇帝想讨慈禧太后的欢心,特地到慈宁宫请示,拟将秋闱改为春闱,恳请恩准。慈禧太后点头同意了。

光绪皇帝第二天早朝就面谕礼部尚书,将甲午年的秋闱改为春闱,提前了6个月通令各直省遵照办理。这就是作为慈禧太后万寿庆典一部分的甲午恩科。

光绪二十年二月,即1894年3月初,上千名跃跃欲试跳龙门的学子们便蜂拥入京,在经历会试、复试、殿试后,就等着朝廷发榜了。

在这万众翘首等待的日子里,华州会馆(今北京宣武门外南柳巷22号)内,张謇却在整理行囊,准备连夜返回家乡。

昏暗的房间里,张謇静静地坐在床榻上,看着一旁简单的行李和厚厚的一摞摞书，不由得又想起了自己20多年来的坎坷科举路……

自从15岁开始参加乡试，连续4次会试败北之后，张謇本已决心不再参加科举考试。但是76岁的父亲却希望看到张謇金榜题名，他苦苦恳求儿子再试一次。

张謇不便违拗老父亲，他勉强答应，迟迟启程。他2月才到北京，这时候入场的时间也到了，他借了朋友的考试用具，仓促入场，发榜之前，不抱任何希望，连录取消息都懒得打听。

张謇在第一场考试前的那天晚上，就是这般坐着，静静地看着旁边桌子上的一方墨盒。

张謇打开了墨盒，一块剑脊龙纹的古墨仍然静静地卧在红缎上，发出幽深的墨泽。

张謇道："张起（张謇随从），这是我们张家的祖传古墨，祖宗有话，哪个儿孙能会试得中，坐在保和殿丹墀前，朝天子进策论，这块墨就给他在殿试中使用。"

张起望着那块完好无损的墨块道："先生明天不准备带进考场拿它写大卷子吗？"

张謇道："凌晨入场，日落交卷，破题策论，落笔千字，我哪还有时间再去磨墨？张起啊，我的这半辈子坎坷蹉跎，就跟这块墨一样，熬啊熬啊，才熬到今天。可是，我这心里空落落的……我真是恩师认定的国家栋梁吗？"

张起道:"四先生在庆军幕中多年,不但文章写得漂亮,军务大事也处理得果断利落。朝鲜平叛时,你就是京城闻名的外交干才了,四先生不是人才,还有谁是人才?"

出乎意外的是,在此后几天的会试中,张謇竟取中第60名,进而参加殿试……

4月24日,春意盎然的北京城内,218名举子聚集在乾清门听宣。

上午10时,钦命新科进士江南扬州的吴筠孙来到大殿,待举子们跪拜时,吴进士便朗朗宣唱:"一甲一名状元江南通州张謇,赐进士及第、授翰林院修撰,钦此,谢恩。"

宣毕,新科状元张謇等谢恩退出乾清宫。

接下来的几天中,状元戴冠游街、进士团拜贺喜……把张謇折腾得全身筋骨散架,苦不堪言。

状元及第,张謇26年的苦苦追求这时终于实现了,这一年,张謇41岁。

然而,张謇并没有狂喜万分。他在当天的日记中写道:"栖门海鸟,本无钟鼓之心;伏枥辕驹,久倦风尘之想。一旦予以非分,事类无端矣。"

半生蹉跎,无数次落第的打击,突然的功成名就,这一切怎能不使他感慨万端,而心绪淡然呢?

29日,皇宫内太和殿"百官雍雍,礼乐毕备",光绪皇帝高坐龙庭，他宣召张謇上殿，让他站在自己的身边，君臣之间进行了短暂愉快的交谈。随后，张謇被授为翰林院修撰。这是状元们经常被赐予的最高官位。

10. 会馆夜叙，话不投机

光绪二十年（1894）公历4月28日，张謇搬进北京南通会馆的第四天的夜晚。

在南通会馆内，新科状元张謇面对一拨拨来访名流，却无悲无喜，依然只关注着自己手中的书。面对旅京乡人欢喜家乡出了状元，要为状元公大摆3天宴席等邀请，他也依然无动于衷。仿佛这一切的锦绣不是他的似的。张謇的表现让他的随从张起无法理解。

张謇在科举之路上跌跌撞撞业已20余年。他的心早已归于平静，甚至于本就没有这些念想，更何谈夺魁的喜悦呢？

在夜色渐浓之时，张謇送走最后一批贺客之后，依然毫无睡意，便到了小院里，挥笔作书。

忽听门外有仆从禀报，说是有一位海关兵备道的袁道台前来拜访祝贺。张謇豁然想起旧识袁世凯的名字，转身便吩咐张起："迎他进来！"

而此时张謇的心中五味杂陈，脑海中浮现的既有恩主吴长庆朝鲜平乱回国述职时，却被李鸿章斥责的场景，又有袁世凯依附李鸿章，背弃叔长吴长庆，与其割袍断义的景象。

不多时，一个身材短小、目光狡黠的官员与他的幕僚便到了眼前。只见他身着三品武官官服，气势凛然。张謇于前而立，只见那人一步上前长揖躬身道："学生袁世凯喜获师讯，特来恭贺。"

张謇拱手回礼，淡淡说道："慰亭兄言重了。"看到斯人，过去种种涌上心头。张謇以为袁世凯此来，无事献殷勤，不喜之感愈来愈浓。

张謇问道："慰亭此间重任在身，此来我甚以为谢。是否另有他事，还请直说吧。"

袁世凯满是尴尬，打哈哈道："老师勿怪，学生此来是领李中堂的钧旨。中堂大人十分欣赏老师，数次称赞老师文骨气节，意欲聘请老师于高第。"

张謇听罢，心中不齿。不待姓袁的他言，便讽道："慰亭，这二三年难怪官升得忒快啊！"

袁世凯尴尬言道："老师取笑袁某人了。"

张謇再道："慰亭既入李门，可还记得当年吴军门待你如何？你可想到当年你从一个冒昧投军之客，破格协办营务，3年不到，便成了五品管带副营。庆字营中随吴军门血战江淮、出生入死的老兄弟里，可有一个如你这般飞黄腾达？"

听了张謇提起吴长庆，袁世凯立身高声说道："军门重恩，袁某至今铭记于心。"

可是，张謇不为其轻言所蒙蔽，直道："好一个铭记于心，你当年背弃军门，转投李府，暗中还诋毁军门，这就是你的'铭记'吗？！"

袁世凯恼怒张謇迂直，只好另转话头说道："老师，李中堂乃北洋大臣，太后信任之人，多少人想列入门墙而不可得，您可得三思啊！"

张謇闭眼不语。

袁世凯趁机又道："您若于李中堂处参赞一二，学生相信您必是前程锦绣。何必与翁中堂南清流一派为伍，有职无权，空发议论呢？"

张謇见袁世凯如此说道清流，十分不悦，双眼一睁，怒道："慰亭，道不同不相为谋。吴军门之事，历历在目。李中堂位高权重，云影随从者多，非我所能比。"

袁世凯眼见张謇拒意明显，便只能尴尬地说道："老师，既然您意已决，袁某也就不多费口舌了……但是，我来之前，李中堂有一事相嘱，请您务必应允之。"

张謇心中不快，便道："何事？"

袁世凯言道："事实上，中堂对老师的《朝鲜善后六策》十分认可。只是因日本明治维新20多年来，国力日昌，且从其天皇到国民节衣缩食建设海军，如今实力已不在北洋水师之下了。近十多年来，倭寇在台湾、朝鲜屡屡挑起事端，就是要与我朝在亚细亚一决雌雄啊！北洋水师自正式建立6年来，无一新舰。炮舰不利，何敢轻言开战？"

听到此，张謇激愤道："泱泱中华，岂可为倭人所欺？李鸿章主管洋务多年，却不如起步更晚的日本国，这难道不是他任人唯亲、不思进取之故吗？"

袁世凯又道："老师，中堂实亦有苦衷难言啊。眼下太后六十寿诞，国库空虚，朝廷又得修园子，海军大笔经费无处开销，且处处为朝堂满臣所滞，如今北洋保存已属不易了啊！"

张謇道："既是如此，李中堂大人于我一寒士，又有何事相托呢？"

袁世凯趁机说道："中堂以为，老师明日入宫谢恩时，但谈风月，不议国事，可乎？"

张謇笑对："中堂大人亦惧我一书生乎？"

袁世凯赔笑道："恩师说笑了，李中堂曾说他偶染风寒，只消看看翁门的奏章，便能汗流浃背。此足见清流谏言之威矣！"

张謇眼见话不投机，不屑应付，便不置可否地"唔"了一声。

袁世凯大喜道："如此甚好，老师，袁某话已带到，告辞了！"

张謇一挥手，眼见袁世凯出了厢房，依然端坐不语。他内心深知袁世凯此来的种种因果。然而以自己的性子，眼见国家日衰，面对当朝诸公却依然我行我素、粉饰太平的场景，心中怎会平静？国势日衰，外邦欺侮甚重，当此我辈去旧革新之时，岂可为威权所压呢？李中堂也好，翁中堂也好，我等读书之人且以家国苍生为念，岂为个人利害所左右。

主意已定，张謇便为明日陛见打起了腹稿。

11. 太和殿中，具疏弹奸

翌日，张謇率诸进士于紫禁城太和殿面见皇帝，"传胪"大典开始举行。张謇身穿六品翰林官服，为一班新科进士之领班。

光绪皇帝端坐金銮殿，主事太监则唱名，引着众进士分跪大殿左右。

与上朝的一班文武大臣一样，张謇向光绪皇帝行三叩九拜之礼。光绪皇帝在翁同龢处久闻张謇之名，故对其较为关注。

仪式结束之后，新科进士们被引入养心殿，与光绪皇帝一起面见大清帝国实际的统治者——慈禧太后。新科进士们于众臣之末站立。

光绪向帝后慈禧言道："亲爸爸，大寿在即，又于此次恩科，发现了几个出色人才，此为朝廷之福。"

慈禧点头认同，平和地问道："听说皇帝点选的状元，是你翁师傅的门生吗？"

光绪听闻愣了愣，便说道："张謇其人实为老成能干之臣，亦是纯孝忠君之人。他既主持过书院，精通河工，又在朝鲜办过外交，内外皆有成绩。亲爸爸，《朝鲜善后六策》就是他的手笔。朕以为如果当年我国依了这六策行事，而今也不会在朝鲜问题上畏首畏尾了。"

帘内的太后并未说话，只是微微点头赞同。慈禧叫过大太监李莲英，宣张謇出列问话。张謇听宣出列，向皇帝和太后行叩拜之礼。

张謇礼成赐起之后，慈禧言道："张謇，你既于10年前就曾办过对日外交，那且问你，这小小日本国，自订立《天津会议专条》以来，还在朝鲜制造事端，意欲何为？它是想和列强一样要朝鲜开放通商，还是想把朝鲜吞并了？"

张謇躬身答道："依外臣看来，日本国狼子野心不在是否能吞并朝鲜，它想的是吞并我大清国。"

听了张謇之言，慈禧甚觉言过其实，又道："它日本，伊等弹丸小国，敢打我们大清的主意，有何凭恃？你等危言耸听了。"

见老太后如此不以为然，张謇立刻又进言道："启禀太后！朝鲜壬午军变以来，臣观察日人已久，他国人刻薄寡恩，凶残如野兽一般，其早年不但觊觎朝鲜，亦早已垂涎我国奉天诸地，将我大清的锦绣江山视为其征服对象了。日本国维新重臣大久保利通，就一直主张日本要向海外拓土，吞并朝鲜、中国、印度，成为一流强国。太后，您想想，同治十三年（1874），倭寇犯我台湾；光绪五年（1879），强占琉球；光绪八年（1882），日本军舰已陈重兵于朝鲜。您说，这些所为何来？难道仅仅就为了一个朝鲜？"

慈禧正色道："依你之言，这小小倭人，想着以小博大，还真是不可小瞧了。"

张謇又道："太后，10年前起，日本国上至皇室下至黎庶，就举国助捐购舰了。借得不列颠国之力，终以巨资买入最先进的快速巡洋舰，就是期以国运赌之，和我国在海上决一胜负！"

慈禧环顾殿内诸臣，又问道："如此说来，此仗非打不可了？以你之见，我北洋水师可敌否？"

张謇见太后提到北洋水师，他有心就北洋种种弊端禀告于上，因此，不顾昨晚袁之招呼，直言道："此战，非我大清战否，乃是不得不战。以目前北洋水师战力而言，小臣斗胆以为我国不如日本。太后，小臣弹劾北洋大臣李鸿章空耗国帑，中饱私囊。军事无能，备战无力。北洋水师营官贪鄙，毫无军纪，上下全无斗志，一旦开战，北洋水师绝无胜算！"

慈禧一听张謇将北洋说得如此不堪，在自己的寿庆之年，将朝廷讲得如此不堪，脸色已十分难看了。只是觉得张謇报国之心可嘉，不予计较。

哪知张謇初出茅庐，毫无顾忌地再言道："为江山社稷计，为大清国永固计，臣张謇恳请太后，罢黜军中无能之辈，停园林之建设，以充海军用资。"

听得"停园林之建设"等，慈禧心中之忌讳被当众公开，怒不可遏，厉声道："张謇，你好大胆子。尚未入朝，就敢莠言乱政，简直是罪大恶极！"

此时，生性耿直的张謇依然不肯退缩，他伏地请罪，却又亢声辩解道："太后，祈请您以家国为重，以社稷苍生为念，去安逸之乐，整戎武于征！"

慈禧万没想到在自己盛怒下，新出的状元还如此"强犟"，一时语噎。眼见形势不妙，气氛骤紧，诸臣战战兢兢。为保住张謇，光绪赶紧喝令道："张謇，你好大胆子，还不退下。"

于是，张謇的第一次面圣，就在一系列交锋中落下了帷幕。

而此时，因为张謇的一席话，养心殿上慈禧与光绪、翁同龢帝党的争锋也愈演愈烈了。盛气下的慈禧转向翁同龢，阴沉沉地问道："翁师傅，听说张謇是你的得意门生啊！他今日如此目无君上，可是翁先生所想？"

翁同龢听慈禧的话意有所指，冷汗直流，赶忙跪下，连连叩头辩解道："太后明察，张謇与老臣虽有师生之名，但从无私交。今日之言，狂悖颇多，全无顾忌，老臣定将重重训诫！"

慈禧犹嫌不够，又对光绪厉声说道："皇上，这就是你钦点的状元，你说的出色的人才！你这是嫌我这个老婆子碍事是吧？哼！"

说罢，慈禧不听光绪辩解，径自走开了。以帝党和太后为代表的新旧势力，关于革新与守旧的斗争日趋白热化了。慈禧对光绪和翁同龢为首的帝党也越来越不满，由此引发的纷争也随着甲午海战、戊戌变法慢慢铺展开来了。

在面圣后的第二日，张謇在翰林院拜见翁同龢时，翁同龢望着张謇，叹道："季直，你做事有进无退，不求谋身，不为长远，恐非做官的材料啊！"

张謇却依旧慷慨陈词道："翁师，弟子于科举蹉跎已久，本就无心仕途。然国是日非之时，圣上事事受制于后党，朝中尽是无能庸碌之辈。眼见倭人蓄谋进犯，我朝却毫不为备，弟子实在不能不言啊！"

看着心胸浩荡如一股清流的张謇，身为朝廷重臣的翁同龢叹息之余，唯有重重地拍了拍张謇的肩膀。

二、亦官亦商，从反对革命到拥护共和

张謇考中状元后，由于目睹清王朝的腐败，对其深深失望，他继而寻求创办实业来救国报民。虽然几次辞官不成，但他已经把自己的全部心血奉献给了百废待兴的实业救国的宏图。

他独力开辟了无数的实业新路，做了30年的开路先锋：办纱厂、办学堂、建码头、办海运、组织绣工刺绣、围垦盐碱荒地——养活了几百万人，造福于一方，而影响及于全国，留下了许多可歌可泣的功业伟绩。

张謇是一个努力践行救亡图存的实业家，他不仅胸怀实业救国理想，在创办企业上作出巨大贡献，同时，他还关

心国家的进步事业，不计个人名利，促进南北和谈，电促袁世凯下野，从最初的反对革命到后来拥护共和，体现出他又是一个与时俱进的政治家。

1. 痛彻甲午，状元还乡

光绪二十年六月二十三日，即 1894 年 7 月 25 日，驻朝日军不宣而战，在丰岛海面击沉清运兵船"高升"号，同时向清军发起进攻，中日甲午战争就此爆发。

随后的战争中，出于后勤和淮军战备不力等原因，清军屡战屡败。更有淮军提督叶志超，带着清军狂奔 500 里，不战而退。北洋海军又在黄海海战中惨败，最后在威海卫全军覆没，而日本陆军也由朝鲜攻入了中国东北旅顺等地。

面对太后寿庆之年的大败，大清国的君臣内心一片阴霾。而北洋水师的付之一炬，也让曾经豪迈的北洋大臣李鸿章丧失了精神锐气。朝堂之上，李鸿章一言不发，伏地请罪，似乎一切战败的责任该他负责了。

果不其然，翁同龢、礼部侍郎志锐等清流帝党，逐一就李鸿章在此战中的迁延不决、战备无能等大加挞伐。面对这样的结果，已经老气迟暮的李鸿章业已欲哭无泪了。

早知战败会遭受指责，李鸿章还极力分辩道："老臣多年苦心筹办洋务，就是为了'师夷长技以制夷'，就是为了防备日本之野心啊！只是，如今还未到与日决战之时啊。"

面对李的辩解，翰林张謇义愤填膺，怒言道："李中堂为元老重臣，负责沿疆海防，统领淮军精卒50营，更有各省机厂学堂六七处。自同治年间起办洋务，历20年之久，耗费了国库数千万两白银，一朝战败，一切化为乌有，这就是您创办的洋务吗？但临事发，中堂大人便四处推诿，而不自省己身。中堂大人言现在不是对日决战的时刻，下官不敢苟同。20年前，倭人已露野心，中堂不以为然。20年来，中堂大人是今日也办洋务，明日也办洋务。而今连小小倭寇，都无能为力，北洋水师不堪一击，我堂堂大清，只能靠外国公使来调停，更要向倭人屈膝。李中堂，但凡你还存着一丝良知，能不为此痛心乎？"

一番鞭挞之言，入人肺腑。李鸿章无言以对，唯有等待皇帝的惩罚。果然，李鸿章因为"避战求和"，被摘去三眼花翎，褫夺黄马褂，回家待罪听勘了。

面对李鸿章的失势，帝后的矛盾也更加激化了。慈禧悄无声息地关注着朝堂上的一切。她知道权力的重要性。尽管李鸿章被罢免，但她不认为这会使她无法掌控朝廷了。因为她的"难言之隐"，只能让李鸿章做了"替罪羊"。唯有通过此次事件，她才能彻底看清帝后不同势力的分野。对于经历辛酉政变、太平天国民变的慈禧，她并不怕斗争。由此，甲午战后，后党悄悄潜伏了起来。

而此时，翁同龢府的书房也是灯火通明，翁同龢、志锐和张謇等一干清流党人，正在灯下密议，期待通过驱逐李鸿章等势力，建立皇帝威权，实现维新图强的愿望。而张謇为帝党重要人物，在灯下奋笔疾书，期望朝廷以甲午战败为耻，发奋图强，以为雪耻。

这时，随从张起从外面进来，喊了一声："四先生。"

张謇抬眼一望，见是张起，问起何事。张起道："三先生来信了。"

听说是家书，张謇放下笔，接过信来一看，原来这是三哥张詧寄来的报丧信，张謇的父亲张彭年已去世了。此时的张謇再也无暇关注朝堂之变，想的只是归乡为父守孝。因此，他第二天一早便入翁府，告知翁同龢要告假还乡之事。翁同龢有感关键之时，得意门生家中竟突发噩耗，唯有好言安慰，期待来日方长。

张謇本也无意为官，他在辞呈中写道："愿成一分一毫有用之事，不愿居八命九命可耻之官。"张謇用他的毕生实践着这句豪言。

而此次家变，也让张謇躲过后来后党加给帝党人物的"结党营私、讥议时政"的罪名。因为丁忧，张謇开缺回南方老家守制。

回到通州,在为父守丧的日子里,父亲千叮咛万嘱咐的"遗命"一直萦绕在张謇耳旁:"你性子太直,以后最好不要做官。"是啊,他自思量,自己确实不太适合卷入这官场的是是非非中,厌倦了朝廷里的钩心斗角、尔虞我诈,为何不能另辟一条为国图强之路呢?

回乡守制,张謇闲下来之后,找来少年同窗王怀咏和刘梦泽,在茶楼上把盏抒怀。

三兄弟一边喝茶,一边议论时政。张謇道出了自己的"救国图强之策"。办纺织业,在通州建工厂、买洋机器,办当今世界上最先进的纺织厂,纺纱、织布,发展丝绸刺绣业。两位同窗听罢,皆为张謇的志向所震惊。不想张謇在此后也成就了南通的纺织业。

张謇在家里守孝过了小祥49天,便和三哥乘轿到通州、海门各处谢了孝。之后,张謇身着孝服上了南京,拜谢张之洞赐祭的盛情。张之洞留住张謇便酌,由督标成副将及幕僚赵凤昌作陪。

席终后,张之洞表达了一贯的钦慕态度,并道:"季直丁忧两年多,在家也是闲着,我这里文正书院的院长出缺,就请季直暂代一下,由我咨部批署,不知季直能俯允否?"

张謇与张之洞虽然是初次见面,但受他如此盛情,一时未便拒绝,而且南京文正书院素有"江南国子监"之称,前任乃是一位翰林前辈,反正守制在家也没甚事做,便道:"承部堂错爱,在销假前当勉承钧谕。"

张謇由于和张之洞接近的机会多了,知道张之洞注意洋务,志在维新,颇有礼贤下士之风,便向张之洞建议:国家根本在于农业,供求赖于商业,可试办农会与商会,集农会、商会之资,可以办实业。实业若能办成,不独有利于国家,且更有利于农商挽回利权,抵制洋商侵蚀。

张之洞喜道:"季直真当今有心人也,所言甚是。我看先把商会办起来,再办实业倒也是桩好事。季直你就代表我拟个奏疏。"

张謇的好友沈敬夫到南京办事,来探望张謇。他和张謇是同乡挚友,开了一家大布庄,专做这项生意,是海门首屈一指的大商家。张謇和他谈起想办纱厂时,他兴奋地说道:"四先生,目前最好是办纱厂啊!纱厂大有前途,产品不仅国内急需,还可以远销海外。特别是好布料、好丝绸,你如果能把商会办了起来,那么就可以大展才华了。"

建立远销海外的新的丝绸之路,其实也是张謇梦寐以求的希望之路、强国之路。

2. 四方筹款,初办实业

张謇在家里过了新年,沈敬夫便将刘桂馨、陈维镛邀到张府，谈论筹办纱厂之事。张謇告诉沈敬夫等人，自己在南京认识了一位候补知府樊棻（字时勋），他愿意协助办厂。据樊棻说，他在上海很有几位兜得转的朋友，在筹股方面有办法。

沈敬夫道："四先生！你既有这个门路更好了。上海是华洋通商的大埠，我们把厂办起来，少不了上海的这条路啊。我和一山（刘桂馨字）两个人，先筹出5000元来做活动费，将来认股时就算股金。"

张謇道："敬夫、一山，你们这个说法很对。我是个发起人，也不能落后。我和我三哥各拿出2500元来，一共凑成1万元，算作筹办纱厂的经费，以后认股多少再说。"

陈维镛道："现在有了1万元经费，我看在筹备期间各项费用可以够了，待以后用了不够时，我再拿出一份来吧。"

张謇道："那也好，可是我们4个人从现在起，就要分头去集股，所有集来的股额股金暂时不定，待以后有了眉目再作决定。现在就暂推一山为总账房管理财政，我们把钱就交给一山暂时保管。"

张謇于光绪二十二年（1896）年底到了上海，找到樊时勋一接洽，便由樊时勋介绍了两个人。

樊时勋，浙江宁波人，家道小康，能说会道，有些小聪明，原本是个贡生，捐了个候补知县；后来不曾过班，就又捐了个候补知府，在官场里混来混去。上海宁波帮的人，他很熟悉。宁波帮里的人和上海的洋行买办常打交道，因此结识了几个洋行买办。

他介绍了两个洋行买办和张謇谈合办纱厂，一个是广东人潘华茂（字鹤琴），一个是福建人郭勋（字茂之）。

张謇和潘、郭、樊3人洽谈时非常顺利。潘、郭两人问张謇，准备什么样的规模，需要多少资金。张謇道："准备比上海的裕晋纱厂略大些，办一座两万纱锭的厂，大概要得50万到60万两（白银）才行。"潘华茂笑道："这很容易啊！四先生你估计在通州能集到多少呢？"张謇略略一估道："20万两还可以。"

郭勋接过口来道："行了！我们3个人在上海滩上，筹三四十万两银子的股本是不费劲的。"张謇见他们既有这样的热情，便兴冲冲回到通州。

沈敬夫等听到张謇告诉的这一番话，一个个也打心里欢喜，便推刘桂馨、陈维镛跟张謇到上海去，和潘华茂等正式洽谈，筹备商办通州纱厂。董事会推张謇为董事长，沪董有潘华茂、郭勋、樊时勋，通董有沈敬夫、刘桂馨、陈维镛。纱厂拟办2万纱锭，股本定为规银60万两，沪董负责筹40万两和通董负责筹20万两立了协议，请由通州知州汪树堂、海门同知王宾签订了合同，由张謇呈请两江总督转奏朝廷立了案。

当时，像这样的商办纱厂还是创举，一般人也不明白。办纱厂是怎样的一回事？尤其是当时的社会风气不同，那些有钱人只有三种思想：置房产，买田地，放利债，要他们拿白花花的银子去投股是不容易的。当然还有其他原因夹在里头，致使张謇招股很不顺利。

由董事会议决，张謇请汪树堂撤去樊时勋的沪董、陈维镛的通董。另外推选通州木商高立卿和通州典商蒋书箴为通董，一同负责招股事宜。大家商议好，两地先集股20万两相地建厂。张謇因张之洞调回两湖原任，刘坤一接任两江总督兼南洋大臣，在新旧两督交替时必须赶往江宁，为纱厂问题及商会问题，禀明新督备案。

张之洞见张謇来谒，便道："我就盼你到来，明日可和我一起去见刘坤一。我已向他谈过了你，以便他将来资助你办厂。"

张謇拜谒刘坤一时，刘坤一对张謇创办纱厂的事表示支持。张之洞暗中对他道："季直你已终了公制，应该到京中销假到差。目前有个好消息，朝中出了一批新人。他们想有所作为，你不妨去看看他们的动向，如果确实有谋国之忠，你可相机而行，以酬素志。"

张謇一到京城里，便去谒见恩师翁同龢，翁同龢喜道："季直！我正盼你来，此间有几个新进人物，明天我找他们来和你见面。"

在翁同龢的府里，张謇相识了和他年龄差不多的康有为，以及比他年龄小得多的梁启超、谭嗣同等人。这几位新科进士是维新派里的主要人物。梁启超乃康有为的得意门生，所以人们一谈到戊戌变法时，便以康、梁为首。

张謇对康、梁等人的改革政治、变法图强的主张表示同意，他也认为慈禧不还政，光绪就无法变法。中国不变法图强，将来必被列强瓜分。

他特地到上斜街康有为的万木草堂和康有为、梁启超长谈。康、梁发起成立强学会时，张謇也列名为发起人。会员中并有沈曾植、陈炽等几位京官参加，会址设在后孙公园里，每月集会3次，都有人作宣传变法图强的演说。这时，善观风向、钻营投机的袁世凯和徐世昌等人也捐赠入了会。

康有为见袁世凯谈到国事，就激昂慷慨，认为此人可以相助，便嘱托亲信弟子徐仁禄和袁世凯常相往来。翁同龢将新科进士郑孝胥（字太夷）介绍与张謇相识，两人一见如故，便成知交。后来郑孝胥被召见后，便赏了道员充总理衙门章京。

1897年的夏秋之间，光绪皇帝在维新派的鼓动下，锐意改革，裁汰冗员，拟废八股，撤销闲散衙门，设矿务局和铁路局、工商局等，并允许士民上书言事。

可是这么一来却吓坏了后党的腐败官僚，惹恼了慈禧太后。他们内外勾结起来诋毁维新派，想扼杀变法，废黜光绪，另立新君。保皇党的维新派，听到这一惊人消息便加速步伐，急图去掉荣禄，保住光绪。光绪二十四年（1898）四月，慈禧以翁同龢辅弼无方，辜恩溺职，姑予免究，着令开缺回籍。

内批下来，光绪哪敢不遵？翁同龢谢恩时和光绪相对而泣，默无一语。朝中一班旧人因翁同龢还算是体面的，仅仅是罢官归里，有些胆子大的还到翁府饯送。翁同龢一概婉谢。他于四月二十七日奉旨后，二十九日被引见，即于五月十三日出京，临行时仰视天门，热泪盈眶。这时，随身相送的却只张謇一人而已。

翁同龢摇头叹息道："季直，我对去留无所介意，唯国事堪忧，今上甚危，耿耿于胸耳。切嘱彼等慎勿轻动，事不可为了。"张謇点头会意，黯然无语，一直送到马家堡，师生二人才洒泪而别。

张謇送走翁同龢才几天时间，就奉旨任翰林院散馆分发。张謇心知朝局将变，暗中知会康有为等人切勿躁动。谭嗣同问张謇："君与慰亭有旧，能否与之谋大事？"张謇断然道："其人反侧，不可轻信。"

张謇接到江苏省商务局总理的任命后，便急速南下，在百忙中去会了新任章京郑太夷，暗中嘱咐他叫康、梁等人要审慎，勿轻动。

张謇回到江苏拜谒过刘坤一后，便着手创办商务局并传饬各府县成立商会。他唯一关心的便是通州纱厂。沈敬夫向他汇报，通股已筹集了十多万两白银。他先在唐闸相度地形，在陶朱坝那里花了1000多两银子买了六七十亩地奠基建厂，由高立卿主持建厂事宜。他赶到上海找潘华茂和郭勋查问集股情况，并叫先汇10万两给通州方面应用，哪晓得潘、郭两人口头上说得响亮，答应提款汇通却又故意拖延。

就在张謇叫潘、郭两人将筹款汇往通州的时候，署理江宁布政使桂嵩庆奉两江总督刘坤一之命，到上海来将张之洞向英国购买来的纺纱机器，贬价出售给上海纱厂。原因是这批机器露天放在杨树浦的码头上日久生锈，眼看就要变成废铁了。可是桂嵩庆和上海厂家洽谈时，各厂家不是嫌机器生了锈，便是要压低价钱。桂嵩庆得知张謇到了上海，见他正为集股问题和潘、郭两人有意见，同时正托朋友购买机器，便将张謇找了来，商谈出售机器的事。张謇直率地道："机器我们正需要，只是我们拿不出这么多的钱来，如果租给我们行不行呢？"

过了一天，桂嵩庆将张謇邀去笑对他道："刘督对阁下颇为器重，我去电告以机器的事，刘督来电若张謇不能购买，就直截了当地把机器作为投股吧。"

张謇道："那就是官商合办了。"桂嵩庆道："行吗？"张謇打电报把沈敬夫找到上海商议后，便与桂嵩庆订了官商合办的合同：机器作价50万两为官股，另外私股也筹50万两，共成100万两，取消了以前商民办厂的备案禀呈，另具了官商合办的禀呈，以官商合办的大生纱厂名义禀请两江总督衙门批准备案。

可是潘华茂和郭勋却借反对官股为由说，如果领用官机作股本，将来定要受官府挟制，若张謇一定要领官机，他们就不愿参加。张謇对潘、郭两人的这种言而无信、市侩小人的讨厌态度久已怨恨。为了要把纱厂办成，免得被人耻笑，故不惜一忍再忍。现在见他们诸事掣肘，明知他们持有几万股款，想借此要挟，若是一味迁就，将来也是隐患。可是这时上海各纱厂因市场的销售不佳，有的甚至关闭，通沪两地招股顿成问题。为此，张謇反复筹谋，彻夜无眠，绕床嗟叹。天将黎明，他忽然自言自语地道："顾不得了，与其如此，不如找他。"

张謇想到要去找什么人呢？此人乃是李鸿章的干儿子、现任太常寺卿、铁路总公司督办，在上海红极一时的盛宣怀（字杏荪）。他手头宽绰，银行里存款颇多，二三十万银子咄嗟立办，是数一数二的大财翁。张謇对盛宣怀这种官僚向来是瞧不起的。现在因忍不了潘、郭两人的卑劣行为，只得硬着头皮试试看，能否获得盛宣怀的支持。这就是张謇所说的"忍侮蒙讥，伍生平不伍之人，道生平不道之事，舌瘁而笔凋，昼惭而夜槭者,不知凡几"的无奈困境的心理写照。

几周以前,何眉孙写信对张謇说:"忍不住儿女们的啼饥号寒,经友人之荐,拟往上海盛官保处司理案牍以谋生计,雅非所愿也!"

张謇想到盛宣怀便去找何眉孙商谈。何眉孙道:"你若能屈己而往,我想杏荪决不会峻拒的,数万两还是可以的。让我先去试探一下,看他如何?"

何眉孙趁盛宣怀有份奏牍交他办理,顺便道:"杏荪,昨天我遇到张季直,他办的通州纱厂现在有眉目了。"

盛宣怀轻蔑地道:"办到什么程度?"

何眉孙道:"听说刘督已允将官机作价50万两算作股,目下只因还缺点活动资金,正在上海筹措,我问他为何不找杏荪?他说与杏荪素无往还,去恐无益耳。"

盛宣怀略一凝思以后,那阴沉的脸上欣然露出笑容道:"张季直真有些书生气,办实业是件好事啊!官商合办再好没有了。他寓所在哪里?你明天早点邀他到我这里便酌,乘便谈谈好了。"

张謇见何眉孙奉命来邀,便问道:"眉孙兄,你是如何对他说的?"

何眉孙笑道:"使于四方不辱君命嘛,岂能使啬公(张謇的号)让人瞧不起呢!我是如此对他说的。"接着便将与盛宣怀交谈的话复述了一遍。

张謇笑道:"善于辞令,你真是大能人啊。"

第二天,张謇从盛公馆处与盛宣怀谈妥并签了合作合同,回到寓所时,张起禀报:"桂大人命人来邀老爷过去,有事洽谈。"

张謇心想,签了合同还有什么事要谈呢?看看时候尚早,便去见了桂嵩庆。问其所以时,桂嵩庆将刘坤一来的电报递给张謇道:"刘督吩咐分一半机器给盛宫保,你看怎样?"

张謇心想:"奇怪啊!方才在盛宣怀那里,为何他没有谈到机器的事呢?"他转念一想,与潘华茂和郭勋这两个人,纵然勉强凑合,将来必无好的结果。如果盛宣怀能够点了头,总要比潘、郭两人强得多。不过官机去了一半,资金也就少掉一半了,也比较易于为力。然而,官机却宜早些到手,省得夜长梦多。想到这里,他对桂嵩庆道:"既然刘督有命,学生当然无可非议,只是合同又要改易了。"

桂嵩庆道:"这是当然!另外官股25万,私股也只好25万了。照你说,通股已有10万两向外,我还可以帮助筹几万两,看来没什么困难了。"

张謇心里盘算,关于盛宣怀那里一定要摸个清楚,便道:"学生之意,既然刘督命与盛宣怀各半,则必须同时分领官机,然后才可再换合同。"桂嵩庆道:"我马上与宫保联系。"

张謇回到寓所，何眉孙已在候着他，笑对张謇道："天下竟有这种贪得无厌的人，人家谈得好好的，他还要染指，真是匪夷所思。"张謇明白话的含意，笑道："不算坏事，这样也好。"何眉孙道："那么，你准备怎么办呢？"张謇道："各执一半，我明天早上就去找他，这一来更好谈了。"

第二天早上，张謇前往盛宣怀处，一见面就开门见山地谈分领官机的事，未及其他。盛宣怀见张謇态度坦然，他反倒觉得有些尴尬起来，满脸堆笑、似解释非解释地道："刘督硬叫我领官机一半，在上海办丬纱厂，可是我事先一无准备。季直兄，桂公说已和你谈妥了是吗？"张謇懒得去戳穿他的西洋镜，便道："是啊！学生此来，是为分领官机，我们才要更改合同，对于杏荪能不能对通厂予以支持，或数目多寡，务请明示。"

张謇的话不卑不亢，盛宣怀暗暗佩服，终归自己于心有愧，便道："季直兄，据桂公说，官商各半，通厂有了20万两现银就够了。据说你那里已有了2万两了，正在建造厂房。这样吧！也不要再去招股了，我和你签订合同，我认股15万两。"张謇一听此言，心中暗喜。这么一来，也省得再去求张良、拜韩信了。

张謇先请桂嵩庆出面将筹股不力、意存观望的通州纱厂沪董潘华茂、郭勋正式撤除其董事职务后，便与盛宣怀签订了筹股15万两的合同，并电召沈敬夫、刘桂馨来沪领机保管。桂嵩庆把纱机分给了盛宣怀、张謇，取得两人的领条后，自去向两江总督复命，并将官商合办的大生纱厂改换的禀呈，转呈两江总督衙门核查备案。

张謇在购好了土地、鸠工招标后，便呈请通州知州在工地上出示晓谕，不准军民人等阻挠工地工程，并札饬当地巡检及时维护工地安宁。厂基建造一开始，就在四周围竖起了竹子篱笆，设门进出，工地上搭了工棚，工人们筑墙在作建房准备。另派一部分工人在陶朱坝口砌石岸，准备将港面疏宽浚深。两处同时施工，一切都进行得顺顺当当。张謇临动身往上海时，还到工地上勘察，非常满意。

哪晓得在工人们开始建厂房时，却涌来了上百名来历不明的人，声称是四周住户。高喊："你们造厂赚钱不顾我们死活。你们的厂开了工以后机器日夜不歇地吼着，全镇上都休想安逸！听说你们的烟囱要砌多高多高，一旦倒下来能压死几百人，这还了得，不行！"

这些人高喊着不许在这里建厂！说时就动手拔篱笆，把工人打伤了十来个，一时闹得沸反盈天，看热闹的越聚越多，就聚了几百人。这些人里有些宵小无赖，夹在人群里阴阳怪气地喊着："这爿厂建在这里不顺遂，将来不是死人就是失火！"这突如其来的骚扰，可把负责建厂事宜的高立卿闹得头昏脑涨。

高立卿一面劝阻工人停下来不要争吵，一面去找费巡检出面维持。费巡检淡淡地道："老百姓太多了，众怒难犯啊！高先生你要赶快上城里去恳求州太爷才行啊。"高立卿心里有数，这样的事情背后定有坐主做后台，巡检也不济事。便先发了电报到上海，随后乘轿进城。他还没有出街头，就又被一群人拦住了。这群人推坏轿子不算，还来揪扯高立卿。高立卿见势不妙，好汉不吃眼前亏，乖乖地跟他们回到了工地。他一面吩咐停工，停工期间照发工资，请工人们安下心来，一面发急电往上海，趁天没大亮，夹杂在工人里面逃进通州。

3. 驱除障碍，张謇拜山

张謇听清了经过情况，晓得其中定有主使人和他作对。他思前想后，排来排去，却排不出是哪些人来。他先把高立卿一顿安慰，叫他暂且休息，一切由他来处理。不问三七二十一，他且先去找知州汪树堂。汪树堂听张謇诉说以后，抱着同情的样子道："季翁，怎么竟闹得这种地步呢？要防止事情闹大啊！我看暂停工两三天，来个釜底抽薪，把事情缓一缓，你看如何呢？"

张謇这时把不定是怎样的后台，又料不定是怎样的意图，便道："就恳烦老公祖了。"

可是一天两天过去了，却未见汪树堂有何动静。

汪树堂按兵不动，张謇岂能听之任之。他先暗中打听到闹事的为首者是个出名的光棍王明，乃唐家闸地方上的一霸。他在人前常吹嘘："老子坐过班房、夯过枷、挨过板子、挂过花。老子才是天不怕、地不怕的好汉。"他常以此自豪，其实是个无赖的地痞。据说他天不怕、地不怕，却怕一个人。此人是唐家闸镇上开茶馆的老板，名叫李得标。

张謇再一打听，此人乃是青帮头子，从不为非作歹，还喜欢为人排忧解难。张謇心想："我和这种人素无交道，照理和我无恩无怨。他们是不会蓄意与我作对的。"

这时张起来报，蒋先生听说四先生回来了，特来相见。张謇忙叫请进。蒋书箴来见礼以后，分宾主坐下。张謇问道："书箴兄近来的进展如何？"蒋书箴道："算不错了，请你继续努力。我们现在是一家了，肝胆相照，荣辱与共，不用说什么客气话，金钱是万事的根本啊！何况我们是新创的事业，多多益善！多多益善！"

蒋书箴接着道："听说季直在工地上遇到些麻烦是吗？我昨天下午去看过。唉！哪有这样无法无天的混蛋，难道没王法了吗？"

张謇道:"王法当然是有王法,可是这样的人也不一定是怕王法的,一方面由于姑息的饢成,另一方面还可能有表里为奸啊!我已得悉为首闹事者是个地痞,对这类人不难处治。由于我们在那里办厂要图久安,一下手不能过硬。奇怪的是一个小小的地痞连巡检司都不能约束,真是令人费解!"

蒋书箴道:"立卿说他实在因精神不好,不然的话他今天还想到四先生这里来。他对工地上的事放心不下。"张謇点点头道:"我就全靠你们这几位赤胆忠心的朋友了。请你代我去找立卿,叫他安心歇两天。工地上的篱笆这两天被全部拔光了,你可千万不要告诉立卿再让他忧烦。"

蒋书箴大吃一惊道:"那么,四先生……"张謇轻微一笑道:"不要紧,我准备明后天上唐家闸去访问一个人,问个究竟。"

蒋书箴摇手道:"四先生,你怎能冒这个风险啊?你要去访谁呀?这个人和你是朋友吗?"张謇道:"不!素不相识,听说他是个青帮里的人。"

蒋书箴哎呀一声:"青帮么?"张謇惊奇地问道:"书箴兄,你也在帮里么?"蒋书箴忙道:"不!我不在帮。我那里有个青帮里的人,他是我们当铺里的看家镖师叫吴志强。他是山东人,会打拳,性格爽直,很有两手,四先生若要去,我请他跟四先生去如何?"

张謇高兴地道:"现在既然有这样的人,我可不去了。书箴兄,劳烦你了。"张謇对蒋书箴如此这般交代一番,蒋书箴连连点头道:"可以,可以。"

这一天早上,李得标的得胜茶馆里来了一位朋友,年龄50开外,稍有髭须,中等身材,面皮微黑,一条散花大辫盘在头上,上身穿青布夹袄,腰束蓝布腰带,下着丢裆扎管青布夹裤,脚登白布袜套薄底布鞋,夹着一把雨伞。这时早市将散,来人便在一张空桌子边坐下,堂倌连忙泡上茶来。

来人便是张謇让蒋书箴请来的青帮能人吴志强。他将茶碗盖揭开,用碗盖在茶面上刮了两下,便将茶碗盖儿坎在茶碗侧面,脸朝外端坐。堂倌一见心里慌了,原来吴志强用的是帮里头拜山的礼数,堂倌连忙吩咐帮手好生照看来人。他急急忙忙去兴盛粮行请老板前来。

老板李得标听见有人拜山,他为人精明谨慎,在徽帮的商人当中颇有信誉。听到朋友上门拜山,连忙整整衣衫,来到茶馆里。

吴志强见来人40上下年纪,身体魁梧,脸上容光焕发。堂倌跟在身后,他料定来人便是茶馆老板,装着没有看见,眼观四方。

李得标将对面来人先打量了一下,便抱拳堆笑上前用帮里切口(黑话)道:"不知老大驾到,未曾迎接金驾银驾，当面请罪。"

吴志强连忙站起，一抖手双拳一抱，高声用帮里拜码头的切口道："好说老大！兄弟初来乍到，脚踏生地，来得鲁莽，望老大高抬贵手，兄弟未曾请安挂号，礼仪不周，衣帽不整，过门不清，拜会不周，请老大海量。"

李得标见来人亮出老底，便开门见山地道："请问老大站的哪一条船头，烧的第几炉香？是从旱路来还是从水路来？"

吴志强口念切口："日出东方一点红，秦琼打马下关东，自从得了黄骠马，五湖四海访宾朋。兄弟沾祖师爷灵光，站的第二条船头，烧的第二十炉香。"

李得标怕来人排辈分，又怕他是个空子，受了欺骗还会被人耻笑。青帮里有这么一条，准充不准赖，只要能回三帮共九代。空子就是不在槛里，冒充在帮的名色。李得标立刻抱拳带笑道："家住门朝西，都是窝里肢，不对识是两家，对识是一家。请问老大贵前人？"

吴志强连忙走出座位，上前一步，退后两步，恭恭敬敬说道："不敢！在家子不敢言父，出外徒不敢言师，敝家师周，上成，下亮，转请问老大贵前人？"

这时，李得标明白了此人的来头，便照着上前一步，后退两步道："不敢！在家子不敢言父，出外徒不敢言师，敝家师周，上成，下标，徒辈不知爷叔驾到，当面请罪。爷叔有何见教？请舍下小叙。"

原来吴志强和李得标竟是同门，还比李得标长了一辈。吴志强也不推辞，说了声"叨扰不当"，便随李得标而去。

两人一边饮酒一边谈起王明闹事一节。李得标很坦率地说："晓得此事，但是王明是有人指使的，不知爷叔与纱厂里有什么关系？不知张謇不去做官，一心要开纱厂是安的什么心？"

吴志强道："惭愧！实不相瞒，在下在通州城里的鸿兴典当里当个看家，没甚出息，糊口饭吃吃而已。我和张謇素不相识，不过我认为中国人能自己办纱厂是件好事，总比让子弟拼命为洋人赚钱，做洋人的奴隶好得多。听说王明是你的弟佬，我想如果四先生果真能把纱厂办了起来，不用说唐家闸的人沾光，恐怕连通州的人都会沾光。老弟，在这儿你是一山之主，日后唐家闸兴旺起来，你是前程远大啊！这样的顺水人情，老弟台你可不能当面错过啊！"

李得标把大腿一拍："爷叔的话不错，说在点子上。小侄听你吩咐，说什么都行！"

事情已经办妥，吴志强别了李得标回到城里，把详情告诉了蒋书箴。

张謇得到蒋书箴的回报，心下欢喜。他原来只是想叫吴志强以帮里人的身份，到李得标那里摸个底，以便相机行事，谁知吴志强此行的效果竟出乎意外得好，便叫高立卿、蒋书箴两人赶紧上了唐家闸恢复工程，这一回竟然太太平平的，没人出头打扰，工程进展得很快。

4. 筹资办厂，知州寻衅

光绪二十四年五月，即1898年6月，张謇在向张之洞辞行时，张之洞写了亲笔信叫张謇去谒两江总督刘坤一。张謇便托赵凤昌将股款汇往上海，他然后转往通州，就径奔江宁，拜谒刘坤一。

刘坤一很爽快地道："季直，就是没有南皮的书信，就凭你这个人为了本省的利益，我也要尽力支持的。你现在还缺多少资金？"张謇道："看来要在10万两以上呢！"刘坤一道："我立马写信给通州知州汪树堂、海门同知王宾帮你募集股款，如果还有困难你尽管来找我。"

张謇灵机一动，问道："请示部堂要不要请他们二位监理厂务？"刘坤一直截了当地道："不需，虽属官商合办的厂，实际上应该是地方事业。有了他们参与便是一国三公，就不能独行其是了。"

张謇谢了刘督的信任，暗赞刘坤一有眼光，确具大臣风度。

通州知州汪树堂接到总督的札饬，当然遵照办理。但汪树堂是一个阴险狡诈的人，他表面上装出极力支持的样子，暗地里却密施诡计。他对张謇个人创办纱厂心里极为不满，尤其是对张謇有私人恩怨。在他到任的下半年，为了中饱私囊，他在厘捐局之下以增充国库为名，设了个巡厘卡，派了几只巡船向过往货物的商民征收卡税。此事激起了商民的反对，公请张謇出面支持向汪树堂请愿。

汪树堂起先毫不理睬，后来张謇一句话把他吓住了。张謇对汪树堂说："老公祖此举虽云防止偷漏，增加国库收入，可是上面却未有明令。一旦激起舆情恐有不妥，望老公祖斟酌为宜。"汪树堂因此撤掉了巡船，暗恨张謇断了他的财路，由此怀恨在心。

再则如果纱厂办成了，张謇一定不会离开通州。他这一任知州，要想在他眼皮底下刮个若干钱财的话，却不那么容易。

汪树堂身边有个狗头军师叫黄阶平，生得獐头鼠目，兔耳鹰腮，此人诡计多端，却颇受汪树堂的宠信。他向汪树堂献计，决不能让张謇把纱厂办成，要千方百计地阻挠，先前王明闹事就是黄阶平出的鬼主意。在他看来，庙砌不成和尚就蹲不下来，纱厂建不成张謇也就待不住。哪里晓得王明一闹之后，就没下文了，纱厂照常开了工，这条诡计没有成功。现在两江总督下了札饬，汪树堂怎好不遵？黄阶平献计道："只要如此如此，便管叫张謇办不成厂了。"

在大生纱厂厂房竣工后，张謇和沈敬夫往上海运机器的时候，汪树堂出了一张堂皇告示，晓谕通州境内绅商殷富出钱投股，同时派出差役四处勒索。乡间里胥与衙中吏役相互勾结，上下其手，择肥而噬，把四乡的殷实富户扰得鸡飞狗跳，不得安宁，一时间人心惶惶，怨声载道。

在群情鼎沸的时候，黄阶平唆使豪绅联名具禀，向官衙呈状控告张謇筹办纱厂勒股扰民、民不堪命等。张謇才从上海回到老港，便听到沸沸扬扬的一些莫名其妙的传说，问明之后顿时大吃一惊，连忙赶到州衙面见汪树堂。两人寒暄之后，张謇便问道："老公祖这突然募股之举，謇毫未得知。老公祖对舆情有所知否？"汪树堂顿觉脸红，支支吾吾地道："未及与季翁面谈，实因急于事功。季翁，你听到了些什么议论么？"

张謇淡淡一笑道："群情激愤，怨声载道，我已成为众矢之的。还好，幸未波及老公祖，我此来之意，不管舆情怎样，务乞老公祖收回成命。老公祖支持纱厂之盛情，我当铭刻不忘。"

汪树堂听了张謇这一连串语中含刺的话，自感惭愧，知道不能再向下说，谈下去更加难堪。便老着脸皮装出那极不自然的笑容道："若有不便，就中止了吧，另谋他策可也。"

张謇对汪树堂的这些胡话不置可否，却道："为了澄清是非，纠正视听，我当另刊告白，布知州中父老，但决不涉及老公祖的清廉政声也。"说罢起身告辞。

汪树堂虽然是老奸巨猾，可被张謇这一顿冷嘲热讽，弄得他啼笑皆非，不知所措地苦笑相送。

第二天，海门、通州的通衢大道上，就出现了官商合办大生纱厂对州里出示募股的声明启事。明示："汪知州出于热情支持敝厂，故出示募股，事前敝厂未知。盖敝厂既为官商合办，集股一事首重商界，至于乡里父老，若出于爱国热忱共襄斯举，请径与敝厂董事会联系，毋任欢迎，所有吏胥经办之股，敝厂概不收受，请印将原款取回。此事与敝厂无关，亦不负何责任，诸希谅察。"文末署"官商合办大生纱厂董事会启"。

这张启事一出，犹如打了汪树堂一记响亮的耳光。不仅如此，已经收进汪树堂腰包里的银子，却不得不忍痛掏出来，连黄阶平腰包中的若干银子也抠了出来。

从此，汪、黄两人对张謇更加恨之入骨，他们千方百计地想搞垮大生纱厂。张謇亦处处谨防汪树堂、黄阶平的阴谋诡计，同时将汪树堂劝股方法的错处函禀了刘坤一，对汪树堂别有用心之处，却留有余地，只字不提。

张謇将机器安装以后，和沈敬夫等几位开会讨论，估计开工需要多少资金，现有若干，尚缺若干。蒋书箴首先报出，到目前为止，实收股金不足14万两，建房购地支出3万不到，筑岸、驳岸等费用为2000余两。另外，购存现棉用去5万两左右，眼下存现金只剩四五万两了。如果要开工生产，原棉就不够，估计还要购进五六万两的原棉，最少还得筹七八万两才够周转。

张謇心里盘算着，步出厂外，观察着周围的工程和围墙外的通道，以及棉花进口处的安全设施，突见有三两行人尾随着自己，先前只听见他们叽叽咕咕，后来他们越走越近。忽然其中一人提高了嗓门道："嘿嘿！你们别看这烟囱高耸入云，这厂房密密重重，你们可知道是个空台戏啊，骗骗人的，还不知要到哪年哪月烟囱里才会有烟冒出来呢！"

张謇闻听此言，心知此人是存心说给自己听的，本想转过身去看一看此人的面貌，转念一想，不必，假如此人面熟反倒不便。他背着双手缓步踱过闻塘桥，故意拐了个弯将后面的人抛开。他暗地里下了决心，无论如何都要开机产纱给他们看看，张謇到底是不是唱的空台戏！

张謇一回到厂里，便对沈敬夫道："打个电报将英国工程师玛利请来，准备试机。"

沈敬夫等人都是唯张謇马首是瞻的，对他的主张和措施毫不怀疑。可是大家心里总有一个思想：钱呢？张謇晓得朋友们的心思，不能不让他们定心，便微微一笑道："诸兄不必疑虑，我自有道理。"

张謇回到城里，请吴夫人（道愔）亲赴林梓，修了书信派张起到如皋去请沙健庵帮忙，各要立筹1万两左右应急。他本人上了江宁去见刘坤一。

刘坤一听说试机以后，就准备开机产纱，抚着张謇之背笑道："季直，你奔走了这些时日，历尽酸辛，终于等到了开业这一天，皇天不负苦心人啊！大概还要多少钱呢？"

张謇道："目前至少需三四万两流通资金，学生估计开机以后，已认未缴的股金应缴来的还有两三万两呢。"刘坤一道："季直你放心回去，我立即致电汪树堂，将州府里存在钱庄里的款子拨出来借给纱厂作存款，大概三四万两还是有的。"

张謇回到通州去见汪树堂。汪树堂很热情地道："季直，收到刘督发来的电报我非常高兴。我们通州的大生纱厂，居然创办成功、开机出纱了。我已叫黄阶平将各处分存的款子，全都拨存到大生纱厂的往来户下，你可叫人前去提取。"

这时，沙健庵和林梓两处送来了不足2万两之数，通州库里拨来了"宾兴"（廪生的膏火、秀才的救济）

用款、公车（专备为举人会试时的津贴）用款、待解漕银等项计有4.5万两。张謇心想，汪树堂这一回不错，前回的事可能是方法上不对。有了钱就好办事了。

张謇择了光绪二十五年（1899）公历3月29日试车。机器开动时运转正常，张謇非常欢喜，便定于4月14日正式开车纺纱。

到了4月5日时，突然通州州学中的秀才们聚集了一二百人到州衙请愿，要追回"宾兴"、公车款子。汪树堂派黄阶平劝谕无效，为首的是地方上著名的孬秀才白镜铭，指责张謇损公肥己，借去士子的膏火，影响士子的生活，实为欺骗。还在海门、通州的各城门张贴声讨揭帖，气势汹汹。张謇这时正在唐家闸，一听来报，就知道着了汪树堂的道，使用了不该使用的钱款。

5. 资金短缺，纱厂困窘

张謇对汪树堂三番两次暗中和他作对心中不解，尤其是那个绍兴师爷黄阶平和他毫无恩怨，竟也如此相逼，心中不无恼火。照此看来，开车这一天恐怕还会闹花样。沈敬夫秘密地对张謇道："目下只剩3万两左右的现金，看来4月14日开车之前，不能再收棉花了。"

张謇略略一想道："这样吧，出张通告就说因开车之前厂里人员事繁,从明天起暂时停秤10天,待开车以后再公告收花日期。"接着安排厂里文书填写请柬,既邀请通州知州汪树堂光临开车典礼,又邀了黄师爷和平时并不赞成办厂的那些乡绅,张謇同时另写了书函到海门同知,向他招呼:"因时日匆促,部署不周,路远未便劳驾,容俟一切就绪时,当专诚恭迎台旌莅止。"

汪树堂接到请柬,把黄阶平找来,问他去还是不去?黄阶平哈哈大笑道:"大老爷,这回子张謇一定要装装假场面,表示他有了办法,同去扰他一顿有何不可?听说他这回请的人并不过多,只有在城的几个有名绅董。"并说:"大老爷索性把全班执事都带了去,叫他多开销一点,看他怎么招架得住?"

汪树堂一想:"这话也对!落得威风威风,状元又怎么样?我是父母官嘛!"

黄阶平得意地道:"看来撮一顿总不会错,大老爷的早点可以少用点。"

4月14日一早,汪树堂的跟班二爷就传达了大老爷的话,叫全班执事齐集衙前,大老爷马上就往大生纱厂赴宴。黄阶平又暗暗知会那些被邀的绅董齐来跟汪老爷一起去。

绅董们当然赶早乘轿到衙前恭候。那些旗锣伞扇的执事、三班六房的衙役更不用说,提前伺候,哪敢怠慢!汪树堂在三姨太太房里过足了烟瘾,用了藕粉莲子羹，便吩咐二堂打轿。黄阶平和几位瘾君子的乡绅早就过足了烟瘾等候，见汪树堂的绿呢大轿从二堂一出来，黄阶平和众乡绅齐到轿前请了安。汪树堂在轿里含笑摆了摆手，随时鸣锣喝道，一路吆喝前进。黄阶平等人的官轿跟在大桥后面，人夫轿马，足足有百十来人，闹哄哄地径奔唐家闸。

张謇听说汪树堂带了全班执事浩浩荡荡而来，心中好笑。在自己面前摆这样的威风，何其愚也！你不过是个从五品，我比你还略高些呢。便命蔡祥取来袍褂冠服。本来张謇因为汪树堂是个地方官，自己是个主人，准备亲自到厂门口相迎，现在见他竟如此兴师动众、趾高气扬，那些豪绅还狗颠屁股跟着他狐假虎威地一齐来，倒也不能过于谦恭。

汪树堂一行到了大生纱厂门口时，沈敬夫、刘桂馨两人拱立门外打躬迎接，称奉四先生命："恭迎汪太爷光临，原轿请进。四先生在厅前恭迎。仪从由厂中职员招待。"汪树堂见张謇未曾亲迎，心里就老大不快，只好吩咐后面的诸人下轿步随。他的轿子离厅前不远时，他已看见张謇自穿官服站在厅前，含笑而待。这一来汪树堂可就尴尬了，不好失仪，立命下轿，抢步上前，打着躬道："职官汪树堂晋谒老先生。"跟后黄阶平等人无奈，只好一个个屈膝请安。

张謇掀帘大笑道："劳老公祖驾临，失迎！失迎！

罪过！罪过！诸公见礼，謇谨还揖一礼了，请进！"

汪树堂这时憋着一肚子气进了大厅。张謇邀他首座，其他人依次入座。说也奇怪，今天厅上的布置却又奇特，当中是一张长方桌，桌上铺着洁白的洋布，一顺放着两只花瓶，插了许多鲜花。

张謇请来宾们分两边坐下，自己坐了朝外主位。厂里勤务在各来宾的面前献了茶，桌上放着四式茶点，四式水果。张謇站起身双手一拱道："汪老公祖，各位先生！今天是敝厂正式开车产纱的吉日，特地邀请各位参观。承蒙各位惠移玉成，为敝厂增光不浅。敝厂经过同事们的惨淡经营，努力筹措，终于能在逆境中排除万难，克抵于成。在这当中受汪老公祖之嘉惠和支持不少，以及在座各位的鼎力玉成之处，謇与同事们铭志不忘，先此致谢！"说时双拳一抱，向大家奉了一揖。

汪树堂和众人齐道："有愧。"其实他们听了张謇这番语中含刺的话，大家是"瞎子吃肉"，心中有数，真的有些自愧于心。汪树堂和黄阶平两人更觉得脸上有些热辣辣的，无不局促不安。

沈敬夫在前领各位来宾往各车间参观，大家见外国工程师在车间里叽里咕噜地指挥，机声轧轧，纱锭飞转，工人们兴高采烈，情绪高昂。

这时，厂里声乐高奏，鞭炮声震耳欲聋，充满着一片欢乐气氛。张謇的面部表情也显露出自庆的喜悦。沈敬夫一连领众人往3个车间参观过后,便请他们仍到厅里用茶。大家复座以后,沈敬夫作为厂里的代表,向众人夹奉了一些糕点。

张謇微笑道:"敝厂草创伊始,百业待兴。今天承汪老公祖和各位先生移玉光临,毋任荣幸。"

这时张謇见汪树堂连连打了几个哈欠,心知各位打哈欠大概是烟瘾之故,可是这触鼻的异味,却是从哪里来的呢?暂且不去管它。张謇接着道:"今天有件事对不起各位,敝厂因一切尚未就绪,故将本拟于今日聊备菲酌之举,改为异日奉邀,敬希原谅!"

黄阶平等人一听此言,不由得面面相觑,一齐望着汪树堂,看他有何反应。只见汪树堂这时频频拭着眼泪鼻涕,打开了哈欠。谁知汪树堂的这个"号令"一发,在座的这些绅董无不闻声响应,一个个眼泪直滚,鼻涕直流,哈欠连天。

张謇心里好笑,忙叫勤务速拧毛巾呈上。还是黄阶平有办法,少露丑态,这又是什么缘故呢?原来他早就烧了好些烟泡预备,在喝茶时他暗地里接连吞下三四个鸦片烟泡,所以他才支得住。他心知今天如果不见机早些跑路,汪大老爷恐怕就要瘫在座上了。如果出不了大生纱厂那就出尽洋相,丢尽了脸面。他不由分说便道:"汪大老爷近日偶感不适,因不能却季翁之邀力疾而来。我们今天就暂且告辞，改日再来领情吧！"

汪树堂一听黄阶平的提议，不住点头连声称好。张謇见汪树堂已是狼狈不堪，便含笑道："汪老公祖，既然玉体违和，也就不敢屈留了。"命厂里勤务跟班将汪树堂挽上了大轿。张謇仍在厅前恭送，由沈敬夫代表送客。

张謇在送走了汪树堂等人以后，私下对沈敬夫道："敬夫，我原来之意，不过想小小地戏弄他们一下，泄泄气的。谁知他们却变得如此狼狈。事后想来觉得有些过分了，近乎刻薄，我很追悔。"

沈敬夫道："奇怪啊！若说他们的烟瘾大，到我们这里时间长打哈欠、流鼻涕、淌眼泪，倒情有可原。他们中只有一两个人不曾这样，这是什么原因呢？"

张謇笑道："这就不解了。哎呀！敬夫，不知书箴账上还存多少现银？"

沈敬夫道："前天书箴说，账存现银尚有4万多两，估计开车20天以后可以有现纱出厂，还有已认未缴的股款催一催，尚有两三万两，看来流通资金不那么困难。"

张謇沉吟了一会儿，突然问道："汪树堂经手存入的银子是不是3万两？"

沈敬夫道："是3万两，四先生，你问漕银是何意啊？"

　　张謇断然道："经此一来，怕他要来索还此款的。"
　　沈敬夫怀疑地道："不会吧？"

　　汪树堂受了这场戏弄怒犹未息，正和黄阶平商议要狠狠地报复张謇一下，以出胸中恶气。忽然有人传告，白镜铭得知汪树堂等人在大生纱厂出了洋相，他在人前便添油加醋、绘声绘色地把汪树堂说得丑态百出，不值分文，还造了一首歌谣："好个州官大老爷，眼泪鼻涕带臭屁，笑话留在大生厂，看你有啥坏主意？"这些传言传到汪树堂的耳里以后，如同火上加油。他一时对白镜铭没甚办法，便一心专和张謇作对，利用那班受戏弄的绅董，叫他们造谣："我们亲眼看见，大生纱厂的车间里并没几个工人，也出不了多少纱。目前开机只不过是遮人耳目，骗骗入股的人罢了，多数的银子早已进了张謇的腰包。"这么一来，使一些不明真相的人犹疑起来，大生纱厂催邀股金就不见成效。更歹毒的是，汪树堂派人到大生纱厂首提存入的待解漕银。

　　张謇自信地朝沈敬夫道："果然不出所料。"素来忠厚的蒋书箴插言道："要是没有前几天的那回事，怕不会来提这笔款子。"

　　张謇点点头道："提是要提的，没那回事可能没这么快。可是汪树堂却是我们的死敌，大生纱厂不垮，他是决不甘心的。书箴，你连同存息一起算了还给他，看大生纱厂会不会垮？"可是话虽如此，大生纱厂却因此陷入困境。

张謇择日将海门同知王宾邀来参观，并托他向海门的股东说项，将未缴之款缴来购纱。王宾对汪树堂的行为颇不以为然，回去以后向各方推动，海门的股东们一下子缴来股金万八千两。

张謇和沈敬夫等几位，开了个紧急会议，命沈敬夫等把厂里整个经济情况抄一份通盘预算。张謇一方面分头去信向各方面的朋友求援，不得已再向如皋沙健庵、林梓沈氏等去信，请他们酌情援助。另一方面写信给上海的朋友，不管投资也好，合办也好，都可商谈。

沈敬夫等几个人把产纱、用棉、工资等项列表计算，对每月的资金用量、现有的资金状况都作了精确的预算。预计厂里的20400只纱锭，每天就需用棉花120担，以每担25两计算，需银3000两，每个月就需9万两银子。工人工资、燃料、伙食及日常开支与利息，每天估计要需1000两现银，每个月就需3万两，合起来每个月就要12万两。从购进棉花到产纱销售，3个月才能周转一次，总共要得36万两才够周转。厂里所认股额的股金共有18万两左右。到目前为止实收股金为15.5万两，目前实际流通资金只有十一二万两，除去存棉6万两左右外，流通资金只剩5万多两了，每天还要收购原棉，远远不敷周转。

沈敬夫叹道："可恨汪树堂太无情了。若是他不把这项存款抽掉，我们厂里就好得多了。"

张謇安慰道："敬夫，你们不要误以为汪树堂把款子存了来，使我们厂里宽松活络些，其实他一是迫于两江总督的示下；二是他以为生杀予夺之权握在他手里；三是他想在我们的紧要关头，来一下撒手锏置我们于死地。他的用心狠毒，他对大生纱厂的办成与否，倒不一定有什么主见，主要是不能让我留在通州大生纱厂。纱厂办不成，我在通州就无蹲身之处。我在通州多少对他有点碍手绊脚，何况在这4.5万两银子的存息上，一年要有3000多两入他的私囊。书箴你们不清楚，他报上去是庄息走月四厘，而他却存在典当里，典当里给的利息是满年一分，另外还有孝敬。我们和他算的是庄里存息啊。他做官不想刮钱吗？现在能廉洁奉公的官吏不多见啊！可是他把我看错了，我从来办事不气馁，遇到棘手的事情越困难，我的意志就越坚强。你们诸位在这些时间以来都清楚地看到，为厂里办事我总是实报实销。私人在外面自己掏钱出来，从不开支厂里分文，从创办到现在我从未领取薪金和津贴，在上海宁可卖字为生。我也并不是沽名钓誉，因为现在不曾到能够领付薪给的时候。谈到这里，诸位都被我累着,现在厂里办事只供饮食,不付薪水,我感到很不安。好在你们几位都能体谅我,毫无怨言,毫无退志,真所谓众志成城嘛!这就是大生纱厂的主要力量。没有你们几位的尽心尽力办事,就是有刘通的铜山也无济于事。我已下了决心,通股已认缴的股款可催的则催,对意存观望者就不必催了,催也无用。你们诸位请共同挑1个月的重担子,我准备马上就往上海与各方接洽,无论成否,1个月以外,不管怎样我都决定回来,一定要帮我把大生纱厂撑住。"

说到这里,他的面部表情略带忧郁地道:"如果实在……"他忽然顿住不语,仰面半响,接着道:"如果实在有大的困难,我还是去找刘坤一帮助解决。这个厂有官股一半嘛,他总不能不管的。"

沈敬夫在张謇临走时,取了400两银子给张謇做盘缠。张謇正色道:"敬夫!我自有办法,目下厂里一分银子都不能用到别处去。"

张謇把大生纱厂的一肩重担,郑重地托付给了以沈敬夫为首的几位知心朋友,匆匆回到家里。

好长一段时间,为了大生纱厂的事,张謇难得在家里住上几天,眼下厂里开车生产,他更没闲工夫回来。这次张謇一到家,他的两个夫人都有些喜出望外,徐夫人一面安排他休息,一面问些厂里情况。吴夫人则抱着牙牙学语的儿子,来向张謇亲亲热热地叫爹。

张謇在家里只待了两三天,就打青龙港去了上海,仍在泥城桥那里的老寓处住下。为了节约,叫蔡祥晚上在房间里加了个临时床铺。

第二天早上,张謇就去找郑太夷,希望帮他到四马路的朵云轩书店接洽卖字的事情。

郑太夷叹息道:"季直,我真佩服你,放着是我早就收场散戏了。"张謇苦笑道:"有人说我是势成骑虎下不了台,这倒不然。事先我并不是不曾估计到有困难,我是知难而进的。说老实话,却不曾估计到有这么大的困难,我哪里会想到汪树堂竟是当面和气背后捅刀子的人呢,对于盛宣怀这样的人我也很清楚,迫于求借无门,明知是与虎谋皮也不得不低头啊!"

郑太夷总算是张謇的知己,晓得张謇急等钱用,把几副对联拿去后,第二天就把银子送来了。

张謇去找了周德元,请他约会朱幼鸿和严小舫,谈大生纱厂的事。这周德元是上海道衙门里的一位幕友,在上海的各方面都够得上号。桂嵩庆在上海的时候,将周德元请来帮过短期的忙,从此和张謇认识,成了朋友。

朱幼鸿是浙江候补道,和浙江盐务督销严小舫是朋友,这两人的家境富裕,并且和四明帮在上海的金融界里的人都相熟。

早在两三个月以前,张謇就托周德元帮他在上海找门路。这次张謇到来，周德元告诉他："朱幼鸿和严小舫对大生纱厂颇感兴趣，但是他们两个人的胃口不小。"根据他们的意思，最好是把厂租给他们办，由厂方提出条件来大家商量。

张謇心想：辛辛苦苦才创办的厂就租给人家，那会被人耻笑的。再一想目前厂里的困境，不妨和他们谈一谈。如果能商谈合办那更好，实在他们要租了办，那就把租期定短些，到期交还也无不可。他把主意拿定，便应了朱幼鸿之邀，在上海城隍庙旁边的第一春酒楼小聚，然后和严小舫等回到寓所共商。

朱幼鸿和严小舫对张謇力劝投资合办的计划不感兴趣，一定要谈租厂经营。他们的意见是：厂名仍然照旧，但在租办期间，要在大生纱厂的名称上加上"协记"二字，表示和原先的大生纱厂不同，人事上要经他们选聘的人才可留下。张謇仍以董事长的身份留在厂里，只负责对原来厂里股东的事务，不及其他。租办以后，一切厂里的经营业务与日常事务均由接办的新任经理负责。在首要问题达成一致意见以后再续谈各项细则。张謇见朱、严两人坚执只谈租厂经营不愿合办，略略踌躇了一下，答应第二天决定。

张謇约他们3位明天在原地小叙，便回到寓所。这天夜里，张謇心中盘算着大生纱厂的前途，翻来覆去睡不着。他索性披衣而起，绕床筹思，权衡利害，直到东方破晓,他才小寐一会儿。

清晨,张謇用过早餐,出门时吩咐蔡祥:"郑老爷来时,有银子请他留下,请他晚上来。何老爷来的时候,也请他晚上来。"

张謇夜里已盘算过了,想了几个出租的条款去和朱幼鸿、严小舫商谈。他到了第一春酒楼,周德元已在那里等着。没多大工夫,朱幼鸿、严小舫乘着东洋车来了,稍稍寒暄,便相邀入席。

酒后他们一起来到周德元寓所商谈。张謇提出了这样几项出租条款(假定出租者为甲方,承租者为乙方):(1)在租赁合同签草议后,乙方先汇交甲方10万两,由甲方出具收条;(2)租期暂定2年,到期续租与否视甲方意愿,乙方不得推延交付日期;(3)张謇只担任原股东董事会的名誉理事长,实任理事长为沈敬夫,目前负责厂务的高立卿、刘桂馨、蒋书箴仍留在厂里蝉联,受乙方经理聘任职务;(4)到期时间为光绪二十六年(1900)正月底。

朱幼鸿和严小舫表示,这几个条款都可商议,只是他们要重新研究一下,对某些条款略作修改。

张謇见他们并无反对意见,心下甚喜。人家要提出一些修改意见,也是正常反应,便定了第三天的午后到张謇寓所商谈。

散会后,张謇回到寓所,心里觉得稍安。这时,张起送上茶来禀道:"郑老爷放了20两银子在这里,今天晚上他不来。何老爷没有来。"张謇"嗯"了一声,把银子收起,吩咐张起磨墨铺纸,写了三幅中堂、四五副对联,已是黄昏将近了。

张謇因夜间不曾好好地睡觉,有点疲倦,草草用过晚餐,到楼下马路上踱了一会儿步就回来睡觉。大概是因为大事有了一点眉目之故,上床一合眼就沉沉睡着了。张起见主人心定了一些,也自欢喜,轻轻把房里收拾了一下,他就铺床睡觉。

这天夜里,张謇睡得很熟,张起心里有说不出的高兴。第二天早上,张起还未醒,张謇却已醒了。

张謇洗漱以后,刚刚用过早餐不久,却见何眉孙走进房来。张謇连忙招呼看座,张起送上茶来。何眉孙对张謇道:"昨日想来的,忽然来了个同乡,耽搁了。你的事怎么样?可曾有点头绪?"

张謇微笑道:"才开始商谈,能否成功还未可知,总之我心里是希望成功,可不知对方如何呢?"

何眉孙道:"浙江人做生意的门槛精不过。季直兄,你我究竟是读书人啊,凡事要慎于前,决不能悔于后啊!"

张謇谢了何眉孙的善意,并道:"我料着你和太夷,在这两天一定要来的。"

第二天一大早,张謇兴冲冲地去会朱幼鸿等人。这天他们聚在周德元寓所商谈。朱幼鸿和严小舫对张謇所提的几个条件大致上都同意,只是有这样几个问题:(1)租期2年嫌短,最少要订3年的租期;(2)到期以后若乙方仍有意续租时,最低甲方须允诺续租1年;(3)在续租合同未达成以前,甲方不得强行索回;(4)甲方原来的厂务人员,在乙方承租后可量才聘用。张謇对朱幼鸿、严小舫提出的问题,除租期3年可以同意外,其余概不同意。双方僵持了两个时辰,意见还未统一。周德元提议明天再谈,就此不欢而散。再次的会谈,朱幼鸿、严小舫承认聘沈敬夫为管理人员,租期续约改为双方协商进行。可是却又提出了,厂里应照现有实资支付利息,不承认照原始股本计算利息。

张謇悌然道:"当初一开始就谈定,按照大生纱厂的原始股本计息,我才答应进行洽谈的,若是你们当初不答应,我老早就拒绝谈承租问题了。现在你们中途变卦,证明你们是毫无诚意。这样吧,今天我们就谈到这里,等你们考虑周密了,再谈不妨。"张謇说时已站起了身,向他们拱了拱手,说声"再会"便走了。

张謇想把大生纱厂临时租给人的消息在上海一传开,就有一班吃空汤团的掮客上门接洽。其中有个叫祝少斋的来替日本人接洽承租或过盘。

张謇婉谢道:"我们办厂的宗旨,是创办实业,挽回利权,怎么可能把纱厂交给日本人来盘剥中国人?我们厂里的章程明确规定，不得接受非中国人的投资，更不可能过盘。谢谢阁下的美意。"祝少斋不死心，又介绍一位浙江姓盛的财东洽谈租厂，张謇认为这倒可以。哪晓得接谈之时，姓盛的所提条件比朱幼鸿等还要苛刻，被张謇立即拒绝了。这时上海有许多人登上门来，想把大生纱厂租到手，然后转手从中渔利。他们总以为大生纱厂面临困境，可用苛刻条件迫使张謇就范。

张謇早就看透了这些市侩家伙的心理。自从和朱幼鸿等的谈判决裂后，所来接洽的人都是些狡诈之徒，遭到了张謇的一概拒绝。可是这时的张謇心境极不平静，因为来上海已有20多天，毫无效果，一文不名。厂里目前的情况想必日渐艰难。一连几天来，他食不甘味，寝不安枕，彻夜苦思，整天兴嗟，人也日趋消瘦，这可把张起愁煞了。

正在这时，忽然厂里来了一封书信，张謇捧着书信，呆呆地望着信封上的几个字，迟迟不敢拆开。待他抽出信笺，只见上面写着："厂里情况尚好，望放心。出租事，望酌办，我们一定跟着四先生，以四先生的意志为意志，一句话不能把我们这两年用心血换来的大生厂弄垮掉。照目前情况来看，只要有十万以下的支援，就可勉渡难关了。厂里有我们各人尽力维持，请四先生宽心，迟几天回来不妨。"

张謇含着泪自言自语道："心血换来的厂不能垮，

勉渡难关，尽力维持。他们不曾提到一句困难，他们的用心良苦啊。唉！我倒罢了，只是累了朋友。嗨！不谈出租了，自跌跟头自爬起，再想别的办法吧！"忽然有人在旁边道："应该嘛！"

张謇蓦地一惊，转头一看是何眉孙，叹道："眉孙，你来得正好。这些时如果不是你和太夷，真要把我愁煞了啊！"何眉孙道："可惜我和太夷帮不了你什么忙。我这几天正和几位朋友商量，大概只有三五千两可以兑现，虽是杯水车薪，总算聊甚于无，明天我就去取来让你先汇回去吧！"

张謇苦笑道："足见道义之交的朋友，不同泛泛。太夷一直在为我东奔西走，接洽卖字，不然的话，这些时的日用房饭，就大成问题了。并且他还宽我的心，说我在上海的这点用度，他可以支援。你们这两位朋友居然有这样的古道热肠，我怎能不力自振作，以酬相知之期呢！"

何眉孙走后，张謇连晚餐也没心思吃，便步出寓所，沿着泥城桥的道缓步。在路灯下，他信步走去，也不知走了多久，去了多远。

6.弃政从商，卖字筹款

张謇回到通州家中。吴夫人因张謇难得回来和爱子亲近，问了些在外近况以后，便叫奶妈将儿子孝若领来，拜见父亲。

张謇在通州家里待了两天，便带着儿子孝若到了常乐镇的老家。徐夫人欣然将丈夫接进门，打了洗脸水，沏了茶，问了些近来起居，就把孝若搂到怀里亲了起来，并从茶食盘里拣了一块蛋糕给孝若吃。

张謇笑道："难怪道愔说，这孩子怕是将来要被你宠坏了。"徐夫人面现微嗔道："是道愔说的吗？上个月她和孩子来时，被我说了她几句。这么点儿大的孩子，就教他认上许多字。人家启蒙的儿童哪里有怡儿认的字多。道愔真像个村学究。"

张謇顺着徐夫人之意道："我也和道愔说，教孩子从小识字是好的，但是不宜一下子教上许多，要防孩子承受不了，过犹不及啊！"徐夫人道："这才是嘛！我主张对孩子教读，要循序渐进。"

张謇道："我歇了多时没回来看看，我去看看哥嫂就回来。"徐夫人待丈夫走后，便下厨一边带着孩子，一边做饭忙菜。

张謇在常乐老家只住两三天，就带着孩子回了通州，没多耽搁，又上了大生纱厂。他看到厂里的欣欣气象，想到办厂之初经历的许多艰辛，接触的许多人当中，有的口是心非，有的阴险毒辣，有的损人利己，有的诡诈多端，对这些人，他一个个印象深刻。

张謇把自己的所想和沈敬夫、蒋书箴、高立卿、刘一山等一谈之后，他们都赞成把办厂中的辛酸用画画的方式记录下来昭示后人，让他们知道当初创业之艰。张謇就根据回忆设计了一套绘画初稿，与沈敬夫等斟酌当否。画稿议定了以后，便请来了通州两位画师，到厂里依照他写的画稿绘了4幅厂儆图。

第一幅是《鹤芝变相》，隐指洋行买办潘华茂（字鹤琴）、郭勋（字茂之），他们两人言而无信，口是心非，画中的仙鹤变了态，灵芝变了质，不是什么仙鹤与灵芝了。

第二幅叫《桂杏空心》，暗讽的是桂嵩庆答应筹款，调了职以后，便只字不提了。盛宣怀（字杏荪）更是混账，他攫取了纺纱机器的一半，又面允筹股15万，结果是一文无着，他们两个人的承诺，都成了空心汤圆。画中的桂树杏树从表面上看去，树干都非常壮大，实质上这两棵树都早已空了心，蛀了许多窟窿。

第三幅叫《水草藏毒》，指的是通州知州汪树堂，和汪树堂的心腹师爷黄阶平。他们在张謇创办大生纱厂的时候，想出了许多阴谋诡计，费尽心机，想阻挠大生纱厂的成功，画面是一溪水草和清澈的碧波，却无游鱼来往。

第四幅是《幼小垂涎》，画面是小儿们馋涎欲滴，争向果饵投视。寓意指朱幼鸿和严小舫二人，企图乘张謇之危，以廉价攫取大生纱厂的利权。可是张謇岂是他们所能操纵的人，结果他们的企图不过是一场空想。

张謇把这些画配了镜框，悬挂在办公室里。金沧江看了，慨然朝张謇道："季直兄，当今之世还不乏其人啊！"后来，为了解除纱厂资金窘困，张謇又不得不把这4幅字画忍痛卖了。

张謇时常感慨："事业来之不易，我应当利用既成的基业，推而广之！"范肯堂（名当世）笑问道："季直兄！你还有什么打算呢？"张謇道："唐家闸方圆十几里的人，因为大生纱厂发展了，他们很想再有几爿工厂。"范肯堂笑道："季直兄，光有工厂，没有人才，能行吗？"张謇会意道："那是第二步。"范肯堂竖起大拇指道："季直兄高明！"顾延卿点点头道："是啊，单单办工厂不培养人才不济事啊！"

1901年年底，张謇接到三哥张詧来信。江西巡抚具折保送吏部张詧以过班道员赴京引见的折子已获批准，来春即可趁此返乡，与家人团聚。他已函约五弟届时请假返乡一聚。张謇得了三哥的确信，便命常乐镇和通州两处家中，收拾屋子安排住处，等待三哥张詧、五弟张警回来，共叙手足久别之情。

张謇奉两江总督刘坤一电召，到上海协助筹备建立上海商务局事宜。张謇趁此向刘坤一面禀了大生纱厂本年的经营概况、盈余数字与红利分配，同时向刘坤一提了两个建议："一是拟将大生纱厂的盈利提成，创办有利于民生的新厂，其规模小于大生厂；二是和议达成、两宫回銮以后，有暂停科举、拟办学校之说。江南为人才荟萃之地，治学风气甲于天下。部堂可率先提倡，奏请设立师范学堂，以资造就人才，佐治国家，实为百世之利，不知部堂以为然否？"

刘坤一喜极赞道："季直之见，着实高人一等，以母厂盈余创办子厂，驾轻就熟，何所不可？若以大生厂之经验创办新厂，有何困难，我当赞助其成。创办学堂之说，闻南皮已有高见，此事可行。季直可代我草拟一疏，向朝廷建议。上回奏请设立商务局的奏疏，也是出君之手，可惜批复迟缓，经年才获批准。"

张謇道："中国官场的积习已深，例如刑部决狱，往往累年不决，甚至其人已死，案尚未结，其中积弊更不待言。吏治如不澄清刷新，国家如何能够达到治平之时！"刘坤一点头叹道："季直之言甚是。"

1902年春天，张詧偕同邵夫人及家属回了通州，兄弟久别重逢，自有一番天伦之乐，各自谈了自身经历。张詧夸说张謇的毅力过人，在创办大生纱厂的过程中，受尽了艰难险阻，不懈不馁，终于把大生纱厂办成了。"有志者事竟成啊！可惜为兄的支持不多，等于杯水车薪，说来甚是内疚。"

张謇道："三哥之言差矣！众擎易举，何在多寡。

不过，弟以为凡百事业，着重者是人，其次才谈到金钱。大生纱厂的成功若是没有沈敬夫等这几位能够风雨同舟、患难与共的朋友，纵然有了钱，恐怕也不易成功！"

张詧点头道："此话实在，从来得人者昌。"

回到了通州，张詧和兄弟张謇聚谈时，深有感慨地道："四弟啊！官场艰难，须得小心谨慎啊。"

张謇以为兄长在京里碰到什么不愉快的事，惊问道："三哥何出此言？莫非京里有人对兄长不满，引荐一事有了阻碍么？"

张詧摇头道："这倒没有。现在官场的风气太腐败，而京里官场的腐败犹胜外地。到部里谒见上司要孝敬，部曹的员司要花费，大同乡的京官要伸手，到礼部见习朝仪要开销，简直把我当作腰缠万贯的巨富财翁，你说可叹不可叹？我并不是为花了些银子而感叹，而是觉得在这样的官场里做官没甚趣味。你说为了要孝敬上司，讨好同僚，做官岂得不贪，要贪赃就得昧良心，就得枉法。四弟，像你这样做事多么好啊！既办了实事，又落得自由自在，无拘无束。我想，若是我从此息隐家园，在家乡协助你办点实际事业多么好啊！而且弟兄俩又可朝夕与共，你看如何？还有，我去信约好五弟，在年头上回家共聚些时，他也复了信，说准定回来。为何到现在还没回来？"

张詧道:"五弟在去年冬月间来信,也说和三哥约好,回来团聚些时的。可是入春以来,未见他有信来,难道他有了更调吗?"

时隔不久,五弟张警有信来了:"弟因患病未愈,故而不能回来。一待病痊便束装北返,顺问三哥、四哥及嫂嫂们安好。"张謇得知五弟张警因有疾未能成行,便专函问疾并宽慰他。

张謇见三哥厌倦仕途之态已是清晰,心中甚喜,便分了城南别业的屋宇一半,让三哥一家人住下。弟兄俩到常乐镇拜过祖先。徐夫人殷勤款待了三嫂邵夫人,哥弟俩在老家稍待了两天,便回了通州。

张謇把大生纱厂的一肩重任托与三哥张詧,自己退居为大生纱厂股东董事会的副董事长。张詧从此便以大生纱厂股东董事会的董事长身份,兼任大生纱厂总经理管理厂务。

自从张詧接任大生纱厂总经理以后,张謇便腾出了很多工夫,开建大生二厂于崇明九龙镇那里。他把基地、建屋、纱锭、机器等方案规划好了以后,就交给沈敬夫、高立卿他们去办。二厂的创办资金,由大生纱厂(一厂)拨出部分,其余由张謇筹集。张謇哪里有时间向各方面去筹集二厂的股金?原来,这时各方面的人看到大生纱厂日趋发达,便纷纷地将余钱投进了大生纱厂,数目相当可观。就连过去一开始和张謇合办大生纱厂，后来意见不合被张謇撤掉的原大生纱厂沪股董事潘鹤琴也托人向张謇说项，硬要投资2万于大生纱厂。桂嵩庆更是锦上添花，写信给张謇，不管张謇接受不接受，径自汇给大生纱厂1万元投股。张謇的一位无锡朋友恽祖祁除过去已向大生厂投了5万现洋，现在又汇来5万。

张謇这时接到徐夫人的家书，请他速回常乐。张謇便打发张起赶到常乐镇家中，他随后也回到了家里。他见徐夫人安然无恙，诧异地问道："夫人因何急事相催？我还以为夫人有病了呢！"徐夫人正色道："贱妾纵然有恙，也不敢如此惊动。实在因本县在风灾中受了极大损害，尤其是海复镇的一爿颐生酒厂，被风潮袭击后，全部损失得精光，老板急得要跳江，几十名伙计没法生活。我故而急请夫君回来，帮地方上的灾民筹点救济。你是位热心办厂的人，对这爿小酒厂能不能想个办法，把它恢复起来，好让这些穷伙计有口饭吃。不知夫君意下如何？恕妾不曾预先详告，致令夫君失惊。"

张謇见徐夫人说话委婉，深悔说话语气太重，便向徐夫人抱歉道："请贤妻原谅我方才的失言，海门是我的家乡，我岂能见灾不救？我这就和张起勘查。"

张謇办事非常迅速有方。他先找当地绅董开会，根据灾情估计赈灾款项，把赈衣、赈粮及架屋材物，通同造成预算。张謇一面向各界呼吁募捐，一面派张起到大生纱厂递函，请三哥暂时拨借 2 万元，以便立时开赈。同时把颐生酒厂的老板找了来，在状元府西边划了一大块土地，先由徐夫人捐出私房钱 400 元，规划先造厂屋 30 余间，然后筹资复业。

老板喜出望外，连忙叩谢四老爷、四夫人再造之恩。张謇因大生二厂已付托了沈敬夫等人，非常放心，便在常乐镇多待了些时候。张謇因张起跟随自己多年，办事谨慎，也有经验，便命张起妻儿老小搬到状元府里，一方面好照看徐夫人，另一方面为酒厂里尽些义务。酒厂新屋落成，张謇亲笔为它题了"颐生酿造厂"的门额，号召亲邻和子侄投资，并命张起去山西聘请了曲酒名师瞿师傅的徒弟阀福生，同时又聘请山东酿酒名师张希贤的儿子张世泽，到颐生酒厂传授技术。张謇还帮颐生酒厂制了一面龙凤图案的厂标。

从此，海门常乐镇的颐生酒厂便驰名遐迩，跻身于全国酒厂之前列，并在日本的博览会上获得了一等奖的奖章。

张謇回到通州以后，吴夫人担心对儿子的教育。张謇笑对吴夫人道："孩子才 4 周岁，你何必这样操心？现在且把你的这点点学问在一二年内教教怡儿，筑筑基那就行了。"

吴夫人嫣然一笑道："我的这一点点学问在哪里

啊？若被蒨宜姐听了去，岂不要把我羞煞了么？"张謇哈哈一笑，打趣道："就是让蒨宜听了去也没什么，你如果没有这点子学问，配得上做状元夫人么？"吴夫人双颊一红，佯嗔道："看你说到哪里去了？"这时，奶娘携着公子来叫爹爹。张謇抚着天真可爱的儿子问长问短，孝若答的话，无不叫张謇私心窃喜，称心满意。

张謇忽然想起刘桥王元吉锅厂，在通州一带有供不应求之势，他便想办个冶厂。正巧如皋沙健庵来找他商议，也想办点事业。张謇问沙健庵："健庵兄，你准备在什么样的范围里做呢？"

沙健庵有些不解，张謇笑道："你究竟和我不同道，整天钻在书本里，不曾出门办实业。我是稍有点经验，因为我创办大生纱厂的时候吃尽了苦头。由于我起初估计不足，为资金问题，弄得捉襟见肘，急得我恨不得跳黄浦江。我的意思是有什么样的能力，就办什么样的事，千万不可过分超过自己具备的可能。"

沙健庵恍然大悟，便道："你说的是。我现在已准备的有5万元，估计还可以再筹到三五万之数。季直兄，你看可以办个什么样的厂？"

张謇沉思了一会儿，对沙健庵道："我的看法，我们都是初次尝到办实业的味道，走上来就不能再有什么不顺的境遇了。"

沙健庵笑了起来，诙谐地朝张謇道："小弟愿意承教。昨天听令兄三哥说,阁下除大生二厂之外,又另有筹划,是否能带挈小弟?"

张謇笑道:"那个筹划尚在酝酿中,也无近利可图,况且投资非三五十万不可。我看,健庵你不如就办爿油厂吧!我估计办爿油厂有2万上下大可济事,而且可以速进、速产、速销,无后顾之忧。"

沙健庵大喜,拱拱手道:"就烦四哥代我规划。"

张謇趁沙健庵满腔热情要办厂的时候,就在唐家闸择了地方,准备让沙健庵办个油厂,自己办个冶厂。油厂取名广生,冶厂取名资生,两块地方择好以后,便各自分工。广生油厂的建屋工程由沙健庵派人负责,资生冶厂的建造工程由张謇派人负责。油厂、冶厂的机器及一切设备统由张謇规划办理。

广生油厂生产的棉油是一种可以食用的棉清油,脚渣制成棉饼,可以饲猪兼充肥料,原料是利用大生纱厂的棉籽,不足的原料则挂牌定价收购,充分就近利用资源,大大提高了经济效益。

这一套连环作业都是张謇精心代沙健庵设计的。沙健庵任广生油厂董事长兼经理,张氏兄弟兼任广生油厂协理,另选任协理茅友仁、高云翰负责业务,并吸引了许多如皋朋友到广生油厂任职。资金从最初的20万,发展到30万,年产棉油30余万担,棉饼20余万担,逐年都有盈余,厂址后来扩到30多亩。

沙健庵后来又在如皋创办了如皋商业学堂，颇具规模，由画隐老人许情荃推荐他的族侄许峰魁（占梅）担任商业学堂校长。

沙健庵在商业学堂订了一例，每届毕业的高才生，除志在深造外，一律由校方保送广生油厂见习1年以后分配实职。

因为创办资生冶厂、广生油厂，沙健庵和张氏兄弟在一段时间里几乎朝夕不离。张謇风趣地朝沙健庵道："健庵，看来你对实业颇感兴趣。我说，你如果将来在如皋发展实业的话，可以就用广生二字往下排。"沙健庵笑道："这不就是沿袭你的以大生二字繁衍之意么？很好！很好！"所以后来沙健庵在如皋开办的药店、腿栈，便以此意命名，如广丰制腿栈、广生德药号就是此例。

张謇和沙健庵谈起："刘坤一有效仿张之洞办学之意，已由我代拟了奏折，若是朝廷批准，健庵你是否可以在如皋办个学堂？"沙健庵一跃而起道："固所愿也，务望四哥提挈。"张謇笑道："提挈不敢当，理当推荐吾兄共襄斯举。"

就在张謇日夜操劳创办学校的时候，噩耗传来，张謇的五弟张警病死在广东任上。张詧、张謇得此噩耗悲痛万分，立命大房侄儿赶赴广东吊丧，一面电慰弟媳，一面致电蔡提督，恳请赐予优抚。

7. 渔业海运，再辟新路

张謇一到家里，便先去通州师范学堂视察学生的听课情况，并向代校长江谦及教师们询问学校里的教学和日常生活事务，有些什么困难需要解决。随后便与张詧商议大达内河轮船公司的有关事宜，弟兄俩决定，公司先叫资生冶厂铸造内河小轮的机器4台，仿外地小轮的式样，造出4艘小轮船，分别定名为"达通""达扬""达淮""达泗"。另外打造了4艘拖船，船身长度12.13米，舱内阔度清宽4米，舱外两旁有约0.3米宽的走跳，定名为"飞鸿""飞鲸""飞鹰""飞凤"，内分统舱、客舱、房舱、荫棚4等，船只遣好后，便试航对开通（州）泰（州）班。

沿途码头，行经通州、如皋、泰州3县，所经大小乡镇，均设大达轮步，专司客票和货运上卸，并有专人收送商号信函，为沟通商业信息提供了极大便利。这在邮务传递尚未发达的清朝末年，对当时的商业无疑是非常有利的创举，很受如皋、泰州商界的欢迎。大达内河轮船公司设在唐家闸，由张詧担任经理。

张謇正要和张詧商量开创大江长江轮船公司的时候，忽然如皋、泰州两地的沿河居民拦阻内河小轮行驶。理由是运河一带市镇上的临河街房，经受不住轮船的水浪冲击，要求大达内河轮船立即停止航行。

张謇得报，马上亲赴如皋、泰州两县，与当地官绅和民间代表协商了3条款项：（1）内河小轮在行经市镇河下时，只许慢速开行，保证无巨浪冲损河房木桩；（2）倘因内河小轮的行驶冲坏河房时，由大达轮船公司负责赔偿全部损失；（3）在梅雨季节运河水位高涨时，轮船暂停行驶，待水位降低后，始可复航。这个问题能够迅速解决，幸亏在如皋有沙健庵、在泰州有韩国钧的帮助。其实张謇晓得，这里头只有少数劣绅从中作梗，见他们两位出了面，自无话说。

张謇把上海大达轮埠的事宜办得非常顺利，其间何眉孙、赵凤昌出力不少。这时，经由虞洽卿的介绍，张謇结识了上海名人李书平。他把上海轮步码头的地基购置好以后，命杨庚伯在上海大达公司总经理鲍心斋的领导下，照预定规划招标建造。天生港的码头，则命陈葆初和蔡如玉经理负责筑建，易英甫负责对外事宜。

不久，蔡元培和张菊生来找张謇商量，在上海创办一所学院。张謇喜道："二公此见极好，謇当尽力支助。"在成立震旦学院董事会时，张謇便被推为震旦学院董事。后来震旦学院的学生闹了一次风潮，由于张謇当时还极力主张国家政体改为立宪体制，而对学生干预政治大有意见，和蔡元培所持的态度有所不同，便与马相伯等人谋创复旦学院和震旦学院并驾齐驱。

这两所学院后来都成为上海的高等学府,为国家培育出了大批人才。

在此期间,张謇又与萨鼎铭筹建商船学院,为国家培育航行人才,弥补国家在海洋航运中的空白。张謇在教育方面这一系列的努力,受到当时知名学者和有识之士如黄炎培、张元济、蔡元培、马相伯、章太炎等的一致赞成,这更鼓舞了张謇热心办学的勇气。

当张謇从上海归来之后没多时,张詧来找张謇,笑对兄弟道:"季直,你三嫂要找你代她办件事。"

张謇不由一怔,问道:"三哥,三嫂要小弟帮她办件什么事?"

张詧笑道:"她前些时和蒨宜到张徐小学去参观归来时,就对我说:'四弟夫妇真不错,丈夫办师范,妻子办小学堂,办得那么好。'我说:'蒨宜哪会办得成个小学堂,钱是蒨宜拿出来的,一切规划还不都是季直嘛!'因此她也要请你帮她出主意、定章程,在常乐镇上也办座学堂。我想,一则我在厂里也分不开身来;二则办学堂你是个熟手了,所以我答应她,待季直回来时,我一定和他商量。"

张謇一听,笑呵呵地道:"三嫂是不让蒨宜专美于前啊!好得很!我想,既然三嫂有此意趣,就在介于师范和小学之间,办所高等小学堂,让邻近各地的莘莘学子，能够循序渐进，这是多么好的事啊！这一两天我和哥哥回常乐镇去，走访一些地方，然后制定规划，研究人事，预计经费。这件事不能叫三嫂一人负担，也叫蒨宜出一份力。"

张詧道："叫蒨宜出资的话，可别先提你三嫂，她很好强。"

张謇向来遇事说办就办，何况经费有着落的事更好办。他先规划建一座四合厢的院子，然后聘请当地宿儒黄善祥负责主持校务，研究人事。聘请陈宇六、施伯昌、徐秀成、徐亮、施卿睦等有学问的人担任教员。课程分国文、算术、史地、自然、英语、音乐、体操、图画等，招收邻县的学生，如皋、通州、崇明等地的学生来此求学，校里办理膳宿。这座高等小学就叫张邵高等小学（张謇的夫人姓邵）。1年以后，这座学堂的学生成绩斐然，张氏兄弟很是欣喜。

张謇正在庆贺这两处小学堂的成功时，顾延卿兄弟却联袂约往范肯堂家，看望范肯堂。范肯堂近来身体非常虚弱，张謇在百忙中抽工夫已去探望两次。

范肯堂一见他们3位到来，那病中瘦削的脸上顿时浮现出喜悦之色，极力挣扎着想站起来，被张謇赶上去揿住道："上次我来看望阁下，就再三嘱咐你，切勿勉力支撑，要静静地养神。"范夫人忙上来招呼道："当世见到你们，他心里非常欣慰。四先生、顾大先生、顾二先生请坐。"立即吩咐仆妇奉茶。

范肯堂虽然病了多时，可是神志颇为清楚，他缓缓地朝张謇道："季直兄，师范里我怕没精力去了，你虚待的一席，可以另聘一位吧！听蕴素（范夫人名）说，季直兄你又拟办个女子师范，这是个创举啊！我想内举蕴素，你看当否？"

张謇道："此事正在着手筹备，我也是内定的嫂夫人，只因才在筹备，而且嫂夫人一刻也不能离开你的身边。今天承兄台面允，我们就此说定，待城南的校舍落成后，我来请嫂夫人前去商谈教务及其他事项。"

顾氏兄弟探问了范肯堂的病况以后，又和张謇闲谈了些目前实业上的情景。范夫人坚留张謇陪顾延卿、仁卿兄弟晚餐。当晚顾氏兄弟就在范府歇宿。他们准备第二天就回如皋白蒲。

张謇从范府回去时，吴夫人告诉他："今日下午，陈葆初陪着2位客人来访，内中有位是韩紫石的公子韩少石，说是为了什么赛会来谒四先生的。我约他们3位明天上午来会，并请陈葆初代为招待客人。"

张謇听说来人是为了赛会而来的，想必是与实业方面有关，第二天早上就在家专候。

早茶过后，陈葆初陪着客人来了。张謇连忙整衣下阶相迎入内，坐定、寒暄以后，知翩翩年少者乃是韩国钧（字紫石）的公子少石，另外2位是浙江沿海的渔业代表忻文光和江苏苏北沿海的渔业代表许德茂。这2位都是拥有若干大型渔船的老板,在江浙两省的沿海渔区都有相当的声望。

韩公子呈上他父亲韩国钧写给张謇的亲笔信函:"顷因意大利举办秘拉诺赛会,邀请清政府推派中国东南沿海对渔业方面有经验、有经营能力的代表参加。北洋属意阁下,已电达南洋大臣周玉公(周馥)就近起驾,故命小儿持函来谒,倘荷关垂,使其得预备员感甚。"

张謇笑对韩公子道:"令尊过谦了。久闻公子在苏北沿海已经营多时了,经验丰富,正好借重。"便挽留他们在府中宴饮,谈了些有关海域海产、沿海设施和渔具的情况。席散后,约定后会之期,待与南洋大臣谈定后,择期相邀。

韩公子一行人走后,南洋大臣、两江总督周馥到南通专程拜访张謇,敦请张謇自选随员,赴意大利参加赛会。张謇向周馥建议:(1)过去朝廷里派官方代表出席宴会,开支颇巨,目下国库不充,不宜增此负担;(2)中国沿海渔业向与邻国共之,由于中国海船难达远洋,无形中被外国渔轮侵入了,急宜将中国海域制成一图,携赴赛会公于各国,此为主权关系,千万不可漠视;(3)由民间推出代表,经官方备文遣送,费用令其自筹,代表们既为朝廷所派,其身份明确,庶几不失国体。代表们在赛会上，可以与洋商洽谈渔业上的贸易，则代表们自筹费用，当可乐从。周馥向张謇拱手道："季翁高见极是，此事便累烦季翁，制图之举，更是非君莫属了。"

张謇陪同周总督视察了南通各厂，游览了狼山，并到天生港参观了码头工地。周总督走后，张謇便以中国旧著《海国图志》《瀛寰志略》为依据，绘成了中国东南沿海的渔业界海域巨幅，命代表们携至赛会上，向各国代表展示，借以明示中国沿海的主权所在。这次参加意大利"秘拉诺"赛会的中国代表9人，由沿海7省推选，连同随员共计15人。这一次一切费用只用去了2万多两银子，不曾动支官中一分钱钞，从这方面即可看出张謇的经济学问和为人的品行。

8. 议会立宪，张謇呼应

周馥这次通州之行，另外却有个重要任务。他受了袁世凯密托，转告张謇：袁世凯已从直隶总督擢升为军机大臣兼外务部尚书，他极力主张立宪救国，并知道老师一向就主张立宪，改良旧的政治体制。在他奏请朝廷批准立宪之前，想请老师出面给予支持。

张謇听了周馥的这番话以后，对袁世凯的入掌军机倒没甚忧喜，可是对袁世凯忽然主张立宪颇感意外。

张謇想：袁世凯既然要我在南京和他呼应，尽可来封长函详述一下，又何须叫周馥秘密转告？张謇揣度袁世凯的立宪之议，其中一定另有文章。张謇不便在周馥面前道出自己对袁世凯的看法，只道："慰亭此举，也是顺人心、安大局之计，其意甚善。"

张謇送走了周馥之后心里想到，上次和铁良谈立宪问题时，铁良并不赞成，难得袁世凯把慈禧太后说得通了，正好趁此组织"立宪公会"，把主张立宪的一些知己朋友纠集起来，表面上和袁世凯遥相呼应，骨子里是静观袁世凯的举措。

其实，张謇主张立宪，也是出自维护清朝政体的改良，其目的是"忠君爱国"。而袁世凯的建议立宪，确实是别有用心。他唯一惧怕的是失宠于慈禧太后。他忧虑慈禧太后年岁已大，一旦太后驾崩，光绪皇帝亲管朝政，到那时翻起戊戌的旧案来，他自身就难保了。所以他急想集军、政大权于一身，以策万全。而立宪政体的君主，没有了实权，权在内阁。光绪皇帝到了那时，变成了实行立宪的君主，对自己也就奈何不得了。

张謇虽然对袁世凯主张立宪不太相信，认为他当初出卖了光绪皇帝，破坏了维新运动，现在忽然又提倡君主立宪，不是出尔反尔了么？他对袁世凯居心何在，只有怀疑，却不甚了了。可是有一点，是被他猜定了,袁世凯只是想要大权独揽。

张謇见袁世凯真的奏请设立"宪法研究所",并编印《立宪纲要》,他便到上海召集郑孝胥、汤寿潜、何眉孙、赵竹君、陈三立等人,成立了"立宪公会"。公会推郑孝胥为会长,张謇、汤寿潜为副会长,宣传立宪主张,扩展会务。可是袁世凯主张立宪的把戏,却不曾瞒得了梁启超、康有为,梁启超对袁世凯的企图洞若观火,一面致函张謇,劝其勿为袁所蒙蔽,一面指斥袁世凯为当朝奸臣,居心叵测。他在满族大臣当中千方百计地揭穿袁世凯想借立宪之机,达到总揽大权的图谋,是未来的曹操、王莽。

梁启超的这一番举动,引起了一班对袁世凯不满的朝中大员的警惕。他们认为目前袁世凯的权力,较之曾国藩和李鸿章两人,在朝的权势有过之而无不及。他们在暗中就密谋排袁。袁世凯虽然认为康有为、梁启超的反对并无损他的毫末,心里却暗恨康、梁两人的作梗。只是他们远在国外,对其无可奈何。

张謇一向对梁启超颇为器重,认为梁启超不但是才学过人,在政治上也确有见地,且有应变之才。梁启超在信中提醒张謇:"曹操当初之杀杨修,不唯忌杨修之才,而是因为杨家世代公卿。杨修既负时望,又负才名,如果将来要行大事,篡取汉室江山,把这样的人留在身边,多有未便,到时候他一定忠于汉室,决不会效忠于己。"

张謇被梁启超提醒之后，采取了梁启超的建议，一面成立了立宪公会，另一面奏请各省设立咨议局，任命议长。今后各省的议会代表便可参与议定宪法。其实这是为了将来在立宪时，可以钳制袁世凯的野心。

袁世凯见张謇居然紧锣密鼓地与他遥相呼应，自然一拍即合，便向慈禧太后奏请批准。他趁周馥在两江总督任上开缺之机，奏荐满族大员端方，接任两江总督兼南洋大臣。

在表面上看来，袁世凯荐用满族大员为外省的封疆大臣，好像是忠于清王朝，可是在张謇这位明人眼里，却瞒不过去。

张謇一向认为袁世凯"斯儿狡诈能做贼，苟善用之，亦可为天下利"。所以他这时对袁世凯的立宪主张，虽然是将信将疑，却不曾料到袁世凯真的想做曹操和王莽，直到后来袁世凯要自称为帝，他才深悔上当。好在他见机得早，抽身得快，才保持了他的声誉。

一天，两江总督端方从上海到通州视察，实则是专访张謇，讨论时局问题，并将朝廷任命张謇为江苏省咨议局议长的诏命送给张謇，请张謇从速遴选议员由其加聘。这本是张謇的意愿，当然毫不推辞，接受了任命，谢了朝恩，谢了端部堂。

送走了端方后，张謇忽然接到常乐来信，徐夫人突然发病，病势严重，随即专程回到常乐镇，其时吴夫人已携孝若先一天赶到了常乐。可是徐夫人由于体质衰弱，已入弥留状态。张謇从通州来时便请了中、西著名医师帮徐夫人会诊，终因医治无效，没多时便溘然长逝了。

张謇抚尸大恸，吴夫人也哭得如泪人似的。正当张謇打算大操大办丧礼之时，忽有消息传来，国家出了大事，力图振兴的光绪帝和擅权纵欲的慈禧太后那拉氏先后驾崩了，时间正是1908年11月14日、15日。

张謇和徐夫人情好甚笃，对徐夫人这位贤内助，平时相敬如宾，尤其是对徐夫人的侍奉翁姑尽孝、操持家政勤俭、自奉甚薄、待人甚厚、周恤亲族、扶贫济困的美德颇为推崇。这次治丧，本来准备隆重操办，以示哀荣，可略表心意。想不到权欲无厌的慈禧与年轻有为的光绪，竟在这时同时崩逝。在国丧期间依照清朝礼法，不独官民一体，停止喜庆嫁娶，就连父母之丧，也不得过事铺张，徐夫人的丧事只好从简。张謇把徐夫人的治丧日期，由原定的五虞（五七）治丧，改为择日治丧，贴了门报。

当张謇从宫中得到京报，通州知州邀集州里的文武官员及绅衿到万寿宫哭灵服丧时（这时原来的万寿宫已改入一所中学里面，万寿宫的龙牌早已迎供在玄妙观里，此处也号称万寿宫），张謇随班行了大礼。众官们按例履行着那毫无悲意的哭灵。可是张謇这时却真的悲从中来，清泪直泻。他不痛慈禧之死，却痛悼光绪的驾崩。

张謇对光绪的哀痛，并不在于君臣之义，而是他认为当前国家已被慈禧统治到了民不聊生、国势日削的地步。光绪是一位头脑清醒、极思振作的皇帝，苦于被慈禧钳制，对国家安危无能为力。这时慈禧一死，光绪定会得行其志，如明末崇祯帝在接位之初那样，诛除宫中奸党，重整朝纲，振兴国家。现在竟忽然也随着慈禧撒手尘寰，岂不令人痛惜？

9. 北洋窃国，张謇辞官

1911年10月武昌起义后，袁世凯出任清朝廷内阁总理大臣。他指挥北洋军进攻武昌，并在列强支持下，胁迫南方革命政权进行和平谈判。12月，南方总代表伍廷芳和袁世凯的全权代表唐绍仪在上海举行和谈，达成停战协定。

1912年1月1日，孙中山在南京临时总统府举行就职典礼，庄严宣布中华民国临时政府成立，并宣誓致词。在大会上，由临时大总统宣布了民国临时政府各部部长的名单：革命军总参谋长兼陆军总长黄兴，海军部部长黄钟英，外交部部长王宠惠，司法部部长伍廷芳，财政部部长陈锦涛，内务部部长程德全，教育部部长蔡元培，实业部部长张謇，交通部部长汤寿潜。各部部长即日就职任事。

这一天，全南京到处是鞭炮齐鸣，锣鼓喧天，人声鼎沸，万众欢腾，市民们易服装，剪发辫，迎接新的时代、新的生活。

南京成立民国临时政府，唐绍仪作为袁世凯的代表不便祝贺，只请赵凤昌向中山先生打声招呼，敬请谅解。孙、黄两位理解唐绍仪确实为难。和议达成后，北方代表先回了北京，一方面向袁世凯汇报和议情况，另一方面为袁接任临时大总统作些部署。唐绍仪见无滞留上海的必要，便也准备回北京。

走之前，唐绍仪特借赵宅宴请张謇、赵凤昌、许鼎霖等。席间，唐绍仪先谢了张、赵两位在和谈过程中的大力帮助，然后向张謇道："四先生，协议虽已达成，但是我认为项城（袁世凯）在某些方面恐难践诺。还望四先生解惑。"

张謇道："少川（唐绍仪字）兄！有何疑虑请试言之。"唐绍仪道："（1）正式大总统必须由参议院票选，项城岂甘受制于人。（2）临时政府之内阁，亦须由参议院同意，则人事之权，项城不能专主。（3）项城接任临时大总统，要到南京就职，这一点我认为最为困难。项城岂肯南下？"

张謇微笑道:"请公勿忧,这都不成问题。关于参议院投票选举大总统,以及由参议院产生内阁阁僚,这两个问题权在参议院,我估计项城完全有办法获得多数票赞成。南下就职,项城决不会离开北京。他在北京如猛虎在山,岂肯擅离虎穴呢?他会有办法设词为解的。不过,我确实钦佩孙中山,他的情操、心术、品德都高于项城,真是以天下为公,拯民水火为己任。我个人认为,项城如果能革时弊收人心,为民造福,为国争光,则其将来定会实至名归,青史流芳。如其不然,民犹水,既能载舟,亦能覆舟啊!我希望他好自为之。少川兄,我这次劝你在某些方面作点努力,估计项城会谅解的。"

唐绍仪向张謇深深致谢道:"一切承爱,铭感在心。"

张謇谦逊道:"大家都是为国为民,不用谢了。"

唐绍仪向孙中山和黄廑午(黄兴)面辞以后,又设了公宴,向伍廷芳辞行。伍廷芳当然也邀了原班宾客,复宴饯行。

席间,张謇问道:"少川兄,准备何日起程?"

唐绍仪道:"不出三天。"

谁知第二天晚上,许鼎霖忽然到了上海大达轮船公司,说奉唐绍仪之命,邀张謇明天一早到赵凤昌那里,有要事面商。

张謇问道："鼎霖兄，是怎么回事啊？"许鼎霖道："我委实不知，但是今日午后，北京来了密电，是否与之有关，却不知道！"

张謇暗中惊忖：难道和议中途变卦了么？不会呀！如无重大事故，少川又怎会急匆匆地找我？

唐绍仪在深夜里叫许鼎霖前来，邀请他明天一早前去，说有要事相商，张謇送走了许鼎霖，心里一直犯疑，他忽然想到了杨度。

唐绍仪对摇鹅毛扇子的杨度不大惬意，曾把这些内情告知张謇。张謇忽然想起，恐怕是杨度先回北京，在袁世凯面前说了坏话，使和谈生变。

第二天早上，张謇一到惜阴堂，便和赵竹君开玩笑道："民国产婆的手段，怕不太高明。"赵竹君笑问道："厚生和我开玩笑，你也跟着推波助澜。"

张謇正色道："不是开玩笑。少川叫鼎霖昨夜相邀，约我今早到这里，说有要事相商，其中必有缘故。我生怕和议会发生什么变化。"赵竹君神秘地一笑道："神经过敏！你且去问问少川，有何要事？"

张謇见赵竹君"笃定泰山"的样子，便问道："竹君！你大概有点清楚？"

赵竹君故弄玄虚地朝门外一指道："让他来告诉你吧！"张謇朝门外一看，这时唐绍仪和许鼎霖两人笑嘻嘻地走来。大家道了早安坐下。张謇迫不及待地问起有何要事相商。唐绍仪双手一拱，取出一份译好的电报，递与张謇道："四先生，一看便知。"

张謇接过来一看，原来是袁世凯已经和清室王公大臣洽谈好了，由隆裕太后颁诏，幼帝溥仪逊位的诏书，恳请张謇代为草拟。

张謇看后连声道："这可不行，万万不可！少川，现在我和清帝尚有君臣之义，清帝逊位诏书岂能由我草拟，使我遭人唾弃？"

唐绍仪道："四先生！话虽如此。可是我和你现在都还是清室之臣，都有君臣之义。进一步说，孙、黄两位闹革命，乃清朝政府悬赏通缉的乱党首领。我们居然和乱党谈和，还请朝廷让位改建民国。那么，我们岂不是做了叛逆之臣了嘛？话说回来，目前清朝政府已经是朝不保夕了，我们尽力地从中斡旋，保证清帝逊位后的优待条件，像这样平平稳稳地揖让，史无前例啊！看来，我们也就于心无愧了呀！你说，从前历代改朝换代，哪一朝的末代君主，不都落得下场悲惨？有哪一个朝代，像清朝政府这样能有体面而又优待的结局？"

赵凤昌在旁见张謇沉吟不语，便插言道："季直兄，少川之言不错啊！你就勉为其难吧！"

张謇无可奈何地看了看在座3人，勉强点了头道："少川兄！此事虽为公开的秘密，可是慎勿宣扬。"

唐绍仪道:"当然啰！决不会的。"

于是，张謇便拟就诏书。

后来和议达成，诏书在1912年2月12日向全国公布。其全文如下：

> 朕钦奉隆裕皇太后懿旨：前因民军起事，各省响应，九夏沸腾，生灵涂炭，特命袁世凯遣员与民军代表讨论大局，议开国会，公决政体。
>
> 两月以来，尚无确当办法，南北暌隔，彼此相持，商辍于途，士露于野，徒以国体一日不决，故民生一日不安。
>
> 今全国人民心理多倾向共和，南中各省既倡议于前；北方诸将亦主张于后，人心所向，天命可知，予亦何忍因一姓之尊荣，拂兆民之好恶。是用外观大势，内审舆情，特率皇帝将统治权公诸全国，定为共和立宪国体。
>
> 近慰海内厌乱望治之心，远协古圣天下为公之义。袁世凯前经资政院选举为总理大臣，当兹新旧代谢之际，宜有南北统一之方，即由袁世凯以全权组织临时共和政府，与民军协商统一办法。总期人民安堵，海宇乂安，仍合满汉蒙回藏五族完全领土为一大中华民国，予与皇帝得以退处宽闲，优游岁月，长受国民之优礼，亲见郅治之告成，岂不懿欤！钦此。

这道向全国公布的诏书，与张謇拟就的诏书颇有出入，明显被袁世凯篡改。他在原文的"共和国体"的中间，擅自加进去了"立宪"字样，并有了"即由袁世凯以全权组织临时共和政府"这样的几句话。

孙中山等革命领袖见到以后，立即向袁世凯提出抗议：（1）诏书与原拟不符，应予更正。（2）"共和政府"怎么好由逊位的清帝命令组织。后来由于种种原因，由袁世凯以一套花言巧语向革命军解释了一下，就此了事。

和谈成功，袁世凯急于承继大位，便指使心腹将领40余人联奏，由段祺瑞领衔联名电奏，要求清帝速将谕旨宣示中外，成立共和政体，实行逼宫。另命赵秉钧、梁士诒等人入宫恫吓，使隆裕太后徘徊无计。

这时候宗室大臣走的走了，死的死了，胆小的不敢伸头。几个寡妇、孤儿支撑的清朝廷处于风雨飘摇当中，他们只有在宫中大哭。终于在1912年2月12日袁世凯的代表与南京临时政府磋商达成退位条件后，宣统皇帝下诏逊位，结束了清朝入关以来268年的封建统治。

袁世凯使用诡计，骗得同盟会的同意，以北京为民国首都。1912年3月10日，袁世凯篡夺了革命果实，当上了中华民国的临时大总统。

自从1912年1月1日，孙中山在南京就任临时大总统，宣布中华民国临时政府成立，宣布了内阁成员各部部长，都正式到部办公。这时候最为困难的，要算财政和实业两部。

财政部部长陈锦涛，在上海金融界颇有声望，袁世凯曾奏荐为度支副大臣，陈锦涛却辞而不就，隐居上海。陈其美于1911年11月3日在上海起义时，陈锦涛在军费上帮忙不少。他进士出身，与浙江银行业界颇有交谊。

当时的上海市场，使用的都是规银，成色低于库银，不好流通使用。李书平和上海南市信成银行协理沈缦云是至交，通过沈缦云和上海东方银行谈好，把库银10万两送到东方银行，换到了规银109600两。沪军都督府有了大笔银子，军费充足，士气大振。

自从成立了南京"临时政府"，沪军都督府的财政负担就大大加重了。不但自己的开销大，还要对客军有所支应，临时政府又有摊派下来的费用，因此就感到经济上的窘迫。

1912年3月13日，由参议院通过，袁世凯任命唐绍仪为内阁总理。唐绍仪奉命组阁后，于3月25日专程赶到南京，谒见孙、黄两位，商讨所拟阁员名单。计为陆军部部长段祺瑞，外交部部长陆徵祥，内务部部长赵秉钧，海军部部长刘冠雄，财政部部长熊希龄，司法部长王宠惠，教育部部长蔡元培，农林部部长宋教仁，工商部部长陈其美。

交通部部长原来拟定是张謇，因张謇早就对唐绍仪讲过，内阁里不要放他位置。在这之前，袁世凯曾有电报给张謇，请他就任交通部部长。张謇除电辞外，还发了一份电报给在京的刘垣（即刘厚生），电报是1912年3月18日发的："北京总统府转刘厚生。退电悉已告章、孟前许项城以一二事自效。目前，盐赈二事外不可再加。盐须以全国名义发表，方能改革整顿，可密告项城。交通一缺就由唐绍仪暂兼。"

可是，这时袁世凯还是坚持聘任张謇为"导淮督办"，主持治理淮河，许鼎霖、柏烈武两人为会办并负责日常事务。

1914年2月20日，梁启超和汪大燮分别辞去司法总长和教育总长的职务。

1915年2月，熊希龄打电话给张謇，邀他小酌。张謇应邀去时，梁启超、蔡锷师生两人也刚到。

席间，梁启超说的"司马昭之心，路人皆知"的话，指杨度受袁世凯的授意，命他与孙毓筠、李燮和、胡瑛、刘师培，又拉了严复入伙，发起组织了一个"筹安会"。除去杨度、严复，其余都是同盟会会员。"筹安会"发表宣言，抛出"讨论国体问题"的文章，鼓吹"应天顺人""君宪救国"的滥调，为复辟帝制鸣锣开道。

梁启超对张謇道："啬公，自从和议以后，人们都以为你偏袒袁世凯。其实你和我是同一观点,以国家为重,不管谁主国政,只要人民能安居乐业,不做丧权辱国的帝国主义走狗,我们都愿尽其绵薄之力。现在袁世凯恢复帝制自为,甘为独夫。你我若久居于是非之地,将来就难以自解了。"张謇答道:"我已盘算了,等治淮借款成功,便致力于水利,决不留恋于官场。"

1915年8月22日,梁启超写了一篇文章,题为《异哉所谓国体问题者》,将袁世凯和复辟帝制的鼓吹者杨度等人,斥责得体无完肤,把他们的丑恶嘴脸暴露于光天化日之下。

1915年10月28日,蔡锷和小凤仙同车出游,暗中与下人换了服装,摆脱了密探的跟踪。按照预定计划,经天津绕道日本,于12月21日到达云南昆明,策划讨袁计划。

过不多时,张謇就递交辞职书请国务卿徐世昌转呈,于1915年12月12日袁世凯称帝之前拂袖而归。

10. 状元惠泽,南北神州

张謇在1913年的手订年谱里曾这样写道:"七十一岁著年谱,主持上海港务会议,发表大生纺织公司股东会宣言书。近岁家居,每约集莫楚生、吕鹿笙、刘烈卿、王潜刚等，游宴唱和，沙健庵、金沧江，亦常过从。"

从1901年到1907年，张謇先后总共正式创立了19个企业单位，包括通海垦牧公司、同仁泰盐业公司、广生油厂、大兴面粉厂、阜生蚕桑公司、翰墨林印书局、资生铁厂、资生冶厂、颐生罐诘（头）公司、颐生酿造公司、大达内河小轮公司、通州（天生港）大达轮步公司、外江三轮公司、泽生水利公司、大隆皂厂、懋生房地产公司、染织考工所、大中通运公行、船闸公司等。

张謇创办的企业大多是以大生纱厂为核心，直接或间接为大生纱厂服务，或者凭借大生纱厂以获取利润。例如，通海垦牧公司是大生纱厂的原料基地；广生油厂利用大生纱厂轧花棉籽制油自用；大隆皂厂又利用广生油厂的下脚料来制造皂烛；大兴（后改名"复新"）面粉厂利用大生纱厂的剩余动力磨粉，供纱厂工人食用和浆纱；资生铁厂最初是专为大生纱厂修配机件而设；泽生水利公司、大中通运公行、通州（天生港）大达轮步公司、外江三轮公司、船闸公司主要是为大生纱厂解决运输问题；染织考工所实际上就是大生纱厂向纺、织、染全能发展的研究所和实验室；懋生房地产公司则是买地造屋，为大生等厂职工提供宿舍并收取房租。张謇的经营为了追求利润，确实比较周密地考虑了经济效益问题。大生纱厂的兴建大大促进了整个通海地区经济的革新与发展。

中国近代第一城南通的出现是与张謇的事业息息相关的。没有张謇与时俱进、开拓创新，就没有中国近代民族工商业的奠基和崛起；没有张謇的灵心慧眼、雄才大略，就没有文脉底蕴宏阔深厚、开时代之新风的历史悠久的文化名城南通。

张謇是一位事业心很强的实业家，大生纱厂是张謇以百折不挠的毅力、呕心沥血的辛劳，联合他的同仁创立起来的。张謇是个自信心强、极为自负的人。哪里想到，他一手创办的巨大实业大生纱厂，竟会在1922年春濒于周转不灵，陷于难以维持的局面，产生了巨大经济危机。

在张謇的深谋熟虑当中，总算把大生纱厂从难以维持的经济危机当中扭转过来，得以稳定发展。他三哥张詧曾向张謇引咎自责。张謇慨然道："三哥，从表面看来，你是大生纱厂的负责人，职责所在。而我呢，是这一系列庞大企业的实际掌控者，应负全责啊！"尤其使张謇心里难受的，则是后来银行的李升伯入主大生纱厂以后，威福自专，排斥旧人，使他心怀一种难以插手的无可奈何。

大生纱厂从全盛时期步入正常发展时期，历时已久。原先在创业时期的几位老成练达的要员，如沈敬夫、高立卿、蒋书箴等人先后谢世。刘桂馨入主南通江苏银行以后,又因误食河豚中毒去世。这些同舟共济的创业同仁先后离他而去,张謇心灵上的创痛是难以言喻的。

刘桂馨死后,张謇亲书挽联:"岁岁吊君成节候。悠悠我里叹才难。"他们4位赤胆忠心,是辅佐张謇创办大生纱厂的忠实朋友。他们一死顿使张謇像失去了左右手一样,怎能不悲从中来呢!

当时大生纱厂的经济环境实在困难,仅仅依靠大生纱厂上海办事处主任吴季诚那里得到少量的支援,却是杯水车薪,于事无补。大生纱厂上海办事处历来被认为是大生纱厂的"神经中枢"和经济命脉。早在大生纱厂筹办的时候,张謇就在上海四马路的广丰银行设了个账房,延聘在上海金融界有活动能力的林兰荪做总账房,银行账号是林兰荪的名义,副手樊巨卿办理股金存事务。

在大生纱厂渡过难关,步入兴旺发展的时期,张謇除在广丰银行设立账房之外,又在小东门设了办事处。由于大生纱厂日益发展,除去开办大生二厂、三厂而外,又开创了其他许多工厂。这个时候就不完全由大生纱厂拿出资金,去支持那些厂了。在经济调度方面,全靠大生上海办事处。这时候的办事处,已迁到天主堂街的外马路,名称也改为"南通大生纱厂上海事务所"。由于林兰荪的活动能力，这个事务所吸收了大量的存款。这时张謇创办的通海垦牧公司正在开渠筑堤，急需大量资金投入，便由大生上海事务所大力支持。由于往来的户头多、事务多，张謇便聘请吴季诚协助林兰荪，以后两人配合得非常默契，在上海金融界颇有声誉。

吴季诚，字寄尘，长于交际，颇有才干。接手大生上海事务所的事务以后有林兰荪原有业绩为基础，更加锦上添花。由于南通大生纱厂正当极盛时期，经济信用产生了不同寻常的膨胀形势。

上海财团、宁绍财团，以及金融界的镇扬帮，都纷纷将大量游资投在大生上海事务所，凭大生纱厂和几个附属厂当时的经济力量，资金的周转可以说是绰有余裕，但是对外来的存款也有需要之处，正好满足了与大生纱厂有密切关系的通海垦牧公司的发展投入。

垦牧事业是一种投资大、收效远的艰辛产业，往往一块滩田在筑堤、建闸、造涵洞、开渠上要投资很大，有时二三年还不能正常经营产出。这时从南通吕四场起，直到苏北的阜宁东坎止，延亘数百里，分设的盐垦公司有20余家，其中，通海垦牧公司是张謇首创的一家公司，原始资本30万两，江知源当总经理。另有的是张謇和张詧创办的。

大生上海事务所为了将大量涌入的存款消化，大生一厂不需要时，便贷给垦牧公司，或由大生一厂转介给需款迫切的各盐垦公司，调剂了各个盐垦区的需要，使各公司的各种工程，得以及时建设，加快了垦地面积的增加，收到了相辅相成之效。

张謇从1894年中了状元以后，自清末到民初，虽然因为政治见解不同，在官场未跻高位，但在经营实业上成绩巨大。从创办大生纱厂奠基，发展了许多工厂，再由工厂的盈利中办了其他许多社会事业。尤其值得推崇的，是他创办垦牧公司，从无到有，一路福星，简直是万家生佛。像这种利国利民的伟大事业，没有张謇的大胆识、大器量、大毅力、大才干，是万万办不到的。

然而从1921年以后，大生一厂竟面临着一场巨大的经济危机。

1921年前后，盐垦地区连续受了数年风、雨、潮、虫的灾害，农业歉收，顶着承担的佃租缴不上来，以致各个垦牧公司负债极巨。各个垦牧公司既然预期的收入无着，对于股息分配与各项开支就无力应付，不得不以借债维持。其中仅大生系统的"大有晋""大豫""大赉""大丰""华成"这5家公司，这时的负债已高达450多万元之巨。

张謇的其他许多公司同样负债累累。在这样的形势下，绝非大生一厂临时调度可以解决的。这时大生一厂本身也因各种问题，已经陷入债海，无力自拔。

大生一厂自从1922年南通纱布交易所因亏蚀行业，耗去了若干资金而外，又因转贷给盐垦公司的款子收不回来，连张謇、张詧与周扶九、徐静仁、屈义六、刘聚卿、张作三等人，拟集资150万元，在吴淞筹建一家1万枚纱锭、400台织布机的纺织厂都无能为力。而筹建新厂，向美国"维丁机器制造厂"订购的机器，没有银元就取不到提单，最后还是由大生上海事务所的吴寄尘、沈燕谋（沈敬夫之孙）想出了主意，暂把上海正在建造的厂房租给泰兴的戴希仲和扬州的王冕清的永丰公司，得了20多万元，才把订购的机器提回来。

大生纱厂本身的问题也很严重，欠了"中国""交通""金城""上海"4家银行的巨款，一时偿还不了。

张謇和张詧在当时是南通纺织与垦牧业方面的主宰人物。张謇是大生纱厂的董事长，张詧是大生纱厂的总经理；垦牧公司总管理处的总理是张詧，副总理是张謇。江知源以处长职权总揽全部事务。张作三则是大生纱厂的实际负责人，他是张謇兄弟的得力助手。

张謇在濠南别业召开了有关人员的紧急会议，对当前问题研究决定：分别开始与上海银行团订协议。大生一厂同永中公司、赓裕钱庄、永聚钱庄、中国银行订押款合同；大生二厂同中国银行、金城银行、永聚钱庄订押款合同；大生三厂同上海银行订押款合同；大生系统的3家纺织厂，其金融资本，从签订合同以后押款借贷，等于银行团对大生的信用投资，而大生各厂的管理大权，即由银行团派来的人员经董事长聘任，负责经营管理，受股东会董事长的监督，股东会有权任免。

接着便由永丰钱庄派来的李升伯任大生一厂经理，中国银行派的陈子桥任大生二厂经理，永聚银团派的黄善本任大生三厂经理，大生副厂由永金公司派曹禄赐任总会计。沈燕谋调往上海大达公司，后银行团派了蔡廷南抵缺。

至此，大生系统各处的实权，都落到了上海银行团的手里。这时候张謇的内心里是多么的沉郁和失望！

李升伯无疑变成大生各厂的总管。没多时便按他的意愿，又以卢汉屏替代了陈子桥，薛昌勋代替了黄善本。在张謇忙于保圩工程，非常紧张的时候，李升伯先挤走了张作三，随后更借技术更新的问题将张家老班底几十位一齐挤走了。

偏偏这时候又传来了让张謇备受打击的噩耗：孙中山为了国家大事北上，因病在京逝世。张謇闻讯非常震惊，叹道："天丧斯人，如苍生何啊？"

他立即与各界人士，于5县总商会开会追悼，由张謇与南通县县长孙栋主持大会，仪式隆重，张謇还发表了演说。

纱厂的事张謇已经插不上手，他只好闷闷不乐地返回了南通。一到家他就忙于沿江保坍工程。

"南通保坍会"和"长江九县保坍会"都是张謇倡议成立起来的。张謇早在1911年，就号召长江下游的江阴、常熟、太仓、宝山、南通、如皋、海门、启东、靖江9县士绅组织"长江下游沿江九县保坍会"，讨论筑堤保坍事宜。

可是因保坍费用浩大，经费难筹，政府又漠视无睹，无法进行。张謇见江岸日削，大片良田坍没江中，沙松水悍，日甚一日。如不着速整治，不久的将来，南通州城亦将不保。

张謇对此心急如焚，便以确保南通沿江为己任，积极筹款进行整治。1916年张謇从北京辞官归来，就不遗余力地延聘荷兰工程师奈格之子特来克为保坍工程的主要工程师，负责整个保坍工程。在此期间，张謇擘画经济，先后邀请专家来共商保坍方案，其中有中国河海总工程师贝龙猛，以及荷、英、美、瑞典等国的专家。荷兰工程师奈格、美国工程师平爵内等人，都是研究水利的著名专家，张謇都不惜重金礼聘，同时还将毕业于河海工程专门学校的宋希尚请来，主持日常施工的工作。不久，特来克患病身故，张謇又续聘了运河工程局的工程师。

十来年里，由于张謇的上下奔走，日夜操劳，任事人员的辛勤不懈，终于减轻了江潮对堤岸的冲刷，保住了江堤不再坍削，使沿江一带江岸逐渐稳定了下来。

三、玉洁冰清，谱写沈绣新篇章

张謇的一生，除了科举中魁、实业救国两件大事外，就是与一位美丽、聪慧的绣娘之间交往、发展的情谊了。

沈寿原名沈云芝，江苏吴县（今苏州市相城区）人，自小学习刺绣。她心灵手巧、悟性极高，在刺绣艺术上颇多建树，她的许多绣品远销海外，既传播了中华民族的工艺智慧，又为丝绸之路丰富了品种，提高了质量。

张謇把沈寿请到南通建立了女工传习所，聘请沈寿为所长，为张謇的实业培养苏绣人才。

1919年，在张謇的帮助下，沈寿完成了《雪宧绣谱》。1921年6月8日，她与世长辞，时年48岁。沈寿去世后，张謇按照沈寿的遗愿把她安葬在能望见长江和苏南土地的马鞍山南麓，墓门石额上镌刻着张謇的亲笔楷书"世界美术家吴县沈女士之墓阙"。墓后立碑，碑的正面镌刻着张謇撰写的《世界美术家吴县沈女士灵表》。

张謇对沈寿事业上的扶持、生活上的关心、病榻旁的照顾和心灵上的呵护，不仅把沈寿培养成为一位出色的刺绣艺术家，成就了一位富有经验的刺绣教育家，更造就了中国"发乎情，止于礼"的情谊佳话。

1. 回乡办学，初识沈寿

1912年5月，张謇在办完了五弟张詧的丧事后，回到通州着手办理通州学堂，这时他认识了一位日后对他影响至深、铭记一生的女子。

女子叫沈寿，擅长江浙刺绣工艺。

一天，沈寿和她的夫君余冰臣来到张府，因为要将刺绣工艺品献给慈禧太后一事来拜见张謇。

谈到所献贡品，余冰臣支支吾吾说不出什么来。张謇见状，料想其中必有难言之隐，便不再寻根究底。

今天和张謇才第一次见面，丈夫在闲谈中便被人家问住了，沈寿面上也觉无光。可是沈寿却是个不同凡响的女子，她顾不得面泛朱霞，腼腆地道："张殿撰（旧称状元为'殿撰'，这里代称张謇），我夫君起先并不曾有进贡万寿的意图，实在是被别人所怂恿，不得不为啊！沈寿与家姐鹤一，幼娴针绣，技艺并不精妙。"

张謇暗暗吃惊，此女才貌双全，谈吐不俗，颇有分寸，便道："沈教习不必过谦，愿闻其详。"

沈寿声如出谷黄莺，娓娓细语道："缘江苏巡抚遣人来舍，与我夫君洽谈，愿出千金，命我姐妹绣画屏8幅，要务必精美，说是要赶上太后万寿之前贡上京都。但所许千金的报酬，却要待进贡赏纳后，方可全部付给，事先仅给备办丝绒费100两。夫君与妾计议，妾答以患有目疾碍难从命，就把这件事回掉了。后来夫君适与宫廷单参议提及此事，单参议力劝夫君自绣自贡，他并自己出面请尚书大人赞助，我们这才鼓起勇气想试一试的。却哪里想到出乎意外，竟沐老佛爷慈恩赏光收了。我们衷心感谢尚书大人的鼎力，否则乡村草野细民，怎会恭沐天恩，得此殊遇。"

张謇闻得沈寿如珠走盘的吴侬软语，又见她稳重大方、非常得体，况且还擅长刺绣，所绣贡品能得慈禧太后赞赏，其精美可想而知。张謇心想，如此人才实在难得。

余冰臣告诉张謇："绣工科决定办一所刺绣学校，由部里拨了一处四合院的房子，已着手招生，定额12

名，皆为旗籍姑娘。绣工科每月总薪500两，愚夫妇各领月薪120两。昨闻单参议说，振贝子又奏请皇上，派愚夫妇往日本考察之意。"

张謇道："这是件大好事啊！"

沈寿道："就怕语言不通，在异俗之邦闹出笑话来。"

张謇道："这个不妨，我去年曾游历过日本，在东京结识两位商界朋友，一个是光泰，一个是孙实甫。他两人在东京着实不错，而且又极其好客。我写封信引荐你们，他们一定会帮忙的。"

余冰臣夫妇谢了张謇。张謇写好书信，又郑重地对沈寿道："这是你赢得大好前程的好时机啊！千万要创出一个局面，使刺绣艺术大放异彩。我先预祝你成功。"

张謇后来才知道，沈寿看似容颜秀丽，绣工卓绝，但是在人生中却遭受了许多的折磨，使她脆弱的心灵受到很大的挫伤。

她母亲宋氏夫人生了三子二女，可惜有两子夭殇，膝下仅有一子右衡和大女儿沈立（字鹤一），二女儿沈寿。沈立个性颇强，沈寿个性文静，又性好文翰，所以父亲沈椿对沈寿非常钟爱。

姐妹俩都精于刺绣。她们俩绣出来的物件，一到市上便被人家争着买了去，因此对家里也不无小补。

父亲沈椿常戏对沈寿道:"云芝(沈寿原名),可惜你是个女孩子,如果是个男孩子的话,比你三哥右衡就强多了。"

沈家姐妹的刺绣在苏州出了名,加上姐妹俩姿容秀艳,就有许多豪门富家的子弟争相求聘。可也奇怪,沈立她立志不嫁,当求婚的人都把眼光投向沈寿,沈老头子又是个怪脾气,大凡来求婚的豪门富室,他都一概回绝,家庭寒素的读书士子,他倒乐意攀谈。可是,凡是读书人来求亲,他又要亲自把此人细细地端详、盘问一番。这么一来,上门求亲的人就不那么多了。

沈老头子精通相术,在一两年当中,看了好几个求婚的少年,他都少有认可。

有一次,沈寿和姐姐到虎丘踏青,当地的秀才余冰臣见沈寿貌若天仙,访知是沈家的姑娘,回去便四处托人上门求亲。余冰臣原籍是浙江绍兴,祖上也是书香人家。家里在苏州观前街,开了一爿冠荣帽纬庄,远销京津一带,家道小康。余冰臣时在 20 岁左右,由于能书善画,自负才华,家里又很不错,满以为他若上门去相亲,定然雀屏中选,不在话下。

做媒的是沈家的邻居汪镜湖先生,也是个读书人。这天,余冰臣华服翩翩来到汪家。沈老先生将余冰臣打量了一下,谈了些场中文墨,便自回去。他觉得:"人虽然生得不错,可惜不太凝重,有点轻佻,谈吐中过于自炫，与沈寿的性情不大合适，而且他比沈寿大6岁，属于六冲，就不必谈罢！"

余冰臣得信，大失所望，回去便失魂落魄地病倒了。他娘吓坏了，便四处求人，到沈府说合。沈椿对余家的这门亲事横竖不点头。

2. 纨绔公子，宠妾虐妻

余冰臣的母亲只生有一个儿子，另有两个女儿，见儿子如此模样怎不心痛？于是再三恳请汪镜湖再予帮忙。汪镜湖被缠不过，就托一位常在沈家做帮佣的徐婆，暗中在沈家宋氏夫人面前说好话，说余冰臣只比沈寿姑娘大5岁，不是什么六冲。沈老爷会算命，何不叫余家把余相公的"八字"（出生的年月日时）送过来，让沈老爷推算推算，看合不合。

旧时代的士大夫大都相信"八字"这一套，何况沈椿对于这些素有研究。他把余冰臣和沈寿的"八字"一排，觉得也还可以相合。再被宋氏夫人暗底下一顿劝，沈寿年岁又有些大了，反正女儿是要嫁人家的，不如就把这门亲事允了下来。

后来沈椿出了个难题目给余家，他晓得余冰臣是个独子，便故意提出来要余冰臣入赘沈家才行。哪里晓得余家竟毫不为难地允了，婚姻就此订下。

光绪十九年十一月十五，也即公历1893年的12月22日，余冰臣和沈寿拜了天地，成就了百年之好。

沈寿和余冰臣婚后的感情，自无话说。可哪里料到，沈寿和余冰臣婚后不到两年，沈老先生忽然得了疾病，不久就离开了人世。此后，余冰臣便借口沈家有儿子，余家又是独子，强行迁了回去。

沈寿初到余家，这位绍兴婆婆待她尚好。余家一家十几个人吃饭，沈寿肩负起全部厨下活计，日子长了，可见其辛苦。余冰臣对待沈寿毫不安慰，和先前判若两人。沈寿有苦难言，偶尔回去，在母亲和姐姐面前，又不肯吐露半句，生怕引起母亲的愁烦，只有闷在肚里。

两个姑子还嫌沈寿累得不够，竟在老娘耳边进谗言、说坏话。绍兴老太婆一恼，沈寿的日子就更不好过了。婆婆每天挑三拣四，有时指桑骂槐地骂上几句绍兴土话。沈寿忍受着这种非人生活。但更令她难以忍受的是，余冰臣先前经常在外夜宿，沈寿从不敢问他一句，后来竟然成月地宿在外头。原来余冰臣已在外头姘上了一个妓女，名叫茜桃老四，还给她在盐菜巷租了房子住下。风声传到沈寿耳里，她想起了逝去的父亲果然眼力不错，早把余冰臣看透，可惜事已至此，只好由它去吧。

后来，余冰臣把茜桃老四娶进门，对沈寿就已变了心，沈寿受不了妓女的挑拨离间，把心一横，吞金自杀。余冰臣发现后手忙脚乱地将沈寿送进了医院，忙乱了一个多小时，终于将沈寿救下。

余冰臣觉得事情不能闹大，便急电沈家。沈母和沈鹤一、沈右衡立刻赶到上海，一看见沈寿，几个人齐声大哭。

当沈寿精神稍稍恢复时，沈鹤一向余冰臣提出，要把沈寿带回苏州调养。余冰臣在沈家入赘时，对沈鹤一有三分畏惧，目前又是为了沈寿吞金的事到上海来的，他不得不同意了沈鹤一的意见，但提出沈寿到苏州不住娘家，由他另租房子让沈寿单住，他才便于来往。就这样由余冰臣在苏州吴趋坊赁了两间房屋，让沈寿住下。

当时余冰臣被沈鹤一要求负责沈寿的生活费用，余冰臣不好不答应。可是后来他只给沈寿每月9块钱生活支用。沈寿对余冰臣给钱多少并不计较，倒落得一时安静。

光绪二十七年（1901），余冰臣已中了举人，便从上海将全家迁回苏州杨家园。在回到苏州以后，便携同沈寿和茜桃老四回到老家绍兴，名为祭祖，实际上是去炫耀一下，算是衣锦荣归。

这时两个小姑已先后出了嫁，沈寿倒太平了些。可是那个妓女出身的老四，却倚仗余冰臣的宠爱，和

151

沈寿竟然平起平坐，毫无妻妾之分。沈寿并未计较，只图相安无事。

此段时间受人引荐，沈氏姐妹接了贡品任务，上棚开绣以后，沈寿总是一马当先，想把贡品早日绣成，花了4个月的工夫，贡品就全部完成了，就等熨烫整理。在此期间，余冰臣竟把一名女工引诱怀了孕，沈寿万分气恼。而沈寿由于日日夜夜地长期坐着不活动，损了胎气，也小产了。

余冰臣见小产的还是个男婴，便埋怨沈寿没把胎儿保养好。沈寿正在气头上，哪里经得住余冰臣这番言语。她气得浑身颤抖，伏炕大哭，心里越发对余冰臣冷漠起来。

3.江南绣女，勇担教习

秋后，两江总督端方探访张謇，他取出一缄，笑着递与张謇道："季翁，这是阁下的故人之函。"

张謇接过来看时，信封上写着："恭请部堂大人转季直钧启"，心里不由一愣："啊！想必他们在京里发达起来了，否则他们怎么会请到端方带信，又从哪里得知端方会来访我的呢？"

他并未抽出信来看，先笑对端方道："难为部堂了。部堂和余冰臣夫妇，想不到也有渊源。"端方笑道："非也，非也！因振尚书那天为我饯行时，有他部里几位作陪，座中就有他们二位。因我和振尚书谈起要来访你，余总办和沈教习就当面请我带这封信给你。当时我就应允了。信是第二天由振尚书派人送给我的，看来他们夫妇对季翁是十分钦佩的了。那位沈教习雍容大方，不愧是大家风范啊！他们夫妇很有礼貌，信不封缄，表示对我这个带信的人十分尊重。哈哈！从来南国多佳人。照此看来，江南的闺中亦多才女啊。"

张謇笑道："部堂不也是旗下三才子之一吗？"端方笑道："小巫、小巫。"张謇为了表示对端方的尊敬，便从案上取信在手，抽出信笺看了几行，便笑对端方道："部堂，原来他夫妇是将日本考察的情况略略告知。这沈寿确实不凡啊。她在艺术上的追求，称得上不遗余力。她竟想将日本创出的美术绣花及欧美流行的素描手法都融入她的绣艺之中。在当今的女界当中，她真是一位不可多得的才女啊！既有理想，更有实干精神。"

端方随口赞道："良璞须赖巧匠雕琢，方成大器啊！"

原来沈寿夫妇奉旨去日本考察时，由清廷外务部派了一名通译随同前往，另由农工商部派了一位主事，负责与日本官方接洽。在东京期间，张謇的朋友李光泰、孙实甫热情招待了他们这一行诸人，并陪同他们到各处游览。他们在信中对张謇表示感谢,并告知本次日本之行,在刺绣艺术上获益不少。

张謇送走了端方之后,便竭力将范肯堂在生前与他和沈敬夫、顾曾炬、孙宝书等人筹办的"通海五属公立中学"(后来的南通中学)校舍建成,推孙宝书为第一任校长,招收通州、泰兴、如皋、海门、静海等处的学生报名入学,已定于来年正月开学。

张謇赶回通州,一到家里,不知怎的忽然又想起了沈寿,心想定要邀请她来,参加绣件优劣的品评,当即电请端方出面,电达农工商部,邀请沈教习南下。

1910年春初,张謇接到余冰臣来电,沈寿已经应邀先期南旋,先到苏州看望母亲,当如期到南京开会。张謇便于2月初到了南京,会见了端方并请派了2名通译官参加,以便和外国人会谈。张謇正在忙碌之时,忽听阿祥来报:"北京的沈教习已从苏州到来,在劝业会的招待处等着会见四先生。"

原来,张謇对沈寿的才识和手艺十分赏识,决定于南通女子师范学校设绣工科,即女红传习所,请沈寿来主持。

之后,沈寿夫妇来到南通。张謇安排余冰臣在自己办的平民工场任经理。女红传习所起初附设在南通女子师范学校,后在南通濠阳路上另辟校舍。

传习所第一期招生20余人,以后逐年增加,学制也逐渐完善。所内设有速成班、普通班、美术班和研究班。

沈寿在南通讲艺8年，孜孜不倦，身心交瘁。在教学中，她主张"外师造化"，培养学生仔细观察事物的能力。

绣花卉，她就摘一朵鲜花插在绷架上，一面看一面绣。绣人物，她则要求把人的眼睛绣活，绣出人的神韵。

沈寿的精心教诲，培养出一大批刺绣人才，后几十年，江南的刺绣高手大多出自沈寿门下。出其手及她指导的门下绣品已被冠为时下品牌"沈绣"。

张謇得信，连忙赶去迎见沈寿，见沈寿并非夫妇同行，而是身边有一位少女相伴。张謇先向沈寿道了辛苦，然后问道："这位姑娘芳名叫甚？"沈寿答道："她么？她是我的徒弟金静芬。"便命金静芬向张謇见了礼，张謇还礼后，便将沈寿师徒送往预先准备好的住所，那里有两名仆妇听候使唤。

第二天早晨后，张謇抽工夫来约沈寿下午到会里去，对江苏、浙江、山东、湖南等省征集来的新旧刺绣珍品作出品评，并进行布置。

在沈寿寓所小坐啜茶时，张謇问起沈寿的家世，沈寿一一告之。

张謇问道："端部堂电邀余总办同来，大概是公务不闲,所以余总办不曾枉驾?"

沈寿答道:"实在对不起,外子(丈夫)因事羁身,不克南来,有妨尊命,敬乞谅恕。"

张謇嘱沈寿师徒下午去"南洋劝业会"会所相商,他在会里恭候。沈寿和金静芬送出房外而回。

下午,沈寿携着金静芬,来到"南洋劝业会"会址胜棋楼。

张謇陪着沈寿师徒,先去检视调整已陈列的苏、浙、湘、鲁各省送来的陈列品。沈寿忽然看到有4幅折屏,在白缎上绣着黑字,惊问道:"四先生!这折屏上还没有标明是哪省送来的。这是私家珍藏的还是官中的呢?"

张謇道:"这4幅绣字折屏乃上海友人张伟如,因我举办南洋劝业会,需集四方珍物充实其中,特于昨天专程送来陈列的。据他说这是他祖上收藏的明代顾绣,折屏上绣的是明代大书画家董其昌的手迹,不知是否?我对此道却是外行,不敢妄加一词。"

沈寿嫣然一笑道:"四先生自谦了,此物确是海内罕见的珍品啊!今天使我大开了眼界。"

张謇见沈寿如此称赞,心知是件珍品了,便问道:"沈教习,这顾绣可有什么来历?"

沈寿颇为自得地笑道:"像这样的珍藏佳品,怎会没来头啊?"

张謇道："那么就请沈教习赐教吧！"

沈寿侃侃地道："顾绣（上海顾氏家族传承下来的民间刺绣艺术）顾名思义，这绣品是顾氏的手绣。这4幅绣字折屏，就是'露香园顾绣'里的一件件珍品。这露香园乃明朝嘉靖年间吏部评事顾名世所造。顾名世是明朝嘉靖三十八年（1559）的进士，历任州县官颇有政绩，后来从吏部评事外放松江知府，从松江致仕归隐，在上海县城内造了一座团林，就取名叫'露香园'。他就隐居在露香园里。顾名世膝下无男，只有一位爱女。她受父亲熏陶，颇通文翰，是一位才貌双全的大家闺秀。她不仅性耽书史，还精于刺绣，在当时有'神针'之称。顾小姐还教着贴身的丫环学着刺绣，可是她亲手绣的绣品，却不肯轻易与人的。所以有些达官贵人上门相求，顾名世却情不过，只好拿使女们的绣品权为搪塞，外人不知内情，因为求之不易，也就世袭珍藏。但是这些绣品总是经过顾小姐检验以后，认为可以的才肯与人。她如果看出哪件绣品里有针法不细、色泽不均之处，决不肯滥充，宁可作废。这4幅折屏肯定是顾氏手绣无疑。"

张謇笑对沈寿道："哎呀！哪里懂得这'露香园顾绣'竟有这么一大段文章，雪宧（沈寿的号）你真了不起啊！方才你把这'露香园顾绣'的来历，言之娓娓，知识真够渊博，称得上是一位蛾眉才子，一向失敬了。呵呵，精于刺绣，才貌双全，雪宧，这恐怕也是你的前生了。"

沈寿顿时粉颊飞霞，腼腆地掩口笑道："四先生，你取笑我了。艺术上我哪里比得上顾小姐的万一，顾小姐在艺术上的孜孜以求，是多么精研啊！她对选线、配色、画面、光泽，都非常考究，神采自然，精益求精。我们苏绣的法则多半是学她的，凭我的这点子手艺，岂能望其项背啊！"

张謇见沈寿才艺高超，又谦虚若此，不由点头暗赞，更为钦佩，便道："雪宧，听说你的绣工科办得颇为出色啊！"说时他双手一拱，"值得向您祝贺，不是付出如许心血，到哪里能有这么大的成就？"

沈寿被张謇这么一说，却勾起了她埋藏在心里的不快。"唉！四先生，说来惭愧。绣工科有何成就可言，我倒深悔不该有北京之行。"言下不胜感慨。

张謇不由大吃一惊道："那么意大利皇后的绣像在万国博览会上获取了卓越的奖评，意皇及其皇后除去亲赐接见，还赠奖了一只钻石金表，从而使中国的刺绣艺术跨进了国际领域为国增光，难道这里面还另有文章吗？"

沈寿感叹道："意国皇后的绣像么？别无隐情，确实如此！可是我那绣工科却办得不成个样子。我是个何许人也？对那些学绣的皇家小姐开罪得起吗？为了这些，我姐姐经常闹着要回苏州老家，不愿干了。我因在京里看到的、听到的，都像对国家大大不利，心里也有些忧虑。"

张謇温言相慰道："雪宧！我劝你不要过虑，论目前的国事确实可忧，当道者如此愦愦，各省的风潮又一个接着一个地闹着，眼看大清朝是岌岌可危的了。可是徒然忧虑也是无益。我劝你且到哪里说哪里吧！万一大局有何变化，要么你就回苏州老家，要么就到我这里去另创一个新局面，在我看来也无不可。到了我这里，我当然要稍尽绵薄，让你安心无忧。对于绣工科嘛，你也不必过于操心。我看你不像我们在致美斋初见时的那种风度，清瘦得多了，今后千万要多多珍惜自己的身体。"

张謇的几句话不打紧，却引起了沈寿在这些年以来，埋藏在内心深处的无限伤感。沈寿不禁一声长叹："唉，四先生，承情之处只好心感了。"

她秀眸闪花，低低地道："四先生！你只知其一，不知其二啊！"可是她话一出口，不等张謇动问，就觉得自己失了分寸。略一迟疑，便勉强淡淡一笑道："哎呀，话又说岔开去了。那些旗籍小姐实在难以服侍。四先生，我们走过去吧。"

张謇见沈寿这时神情沮丧，说话文不对题，心里料定这两年沈寿在京里，一定是受了很大的委屈。可是他察言辨色，在这时却不便究问，料定沈寿必有什么难言之隐，暗地里却也放心不下。

张謇陪着沈寿在绣品展览厅里，逐一检查时，沈寿笑对张謇道："四先生，像你这样的劝业会规模不小啊！不但要费心血，还得要花大量的钱财呢！"

张謇微微一笑道："当然啰！心血自然要耗的。"

沈寿在南洋劝业会的事务将要结束，随即向张謇告别回京。

张謇在送别时，劝沈寿道："雪宧！你和我谈当前国家大局极为不稳，恐怕要树倒猢狲散了。这话不是过虑，从目前各地的局势，大有'山雨欲来风满楼'之概。我建议你，如果在北京实在挨不下去，要么你就仍回苏州老家，要么就到我那里去，另创局面有何不可？千万要保重身体。这些时间我看你面容上常有抑郁之色，不知为何？"

沈寿见张謇问到这里，顿时敛起笑容，涌起无限愁绪。先谢了张謇的关怀，然后低声道："四先生，我……"张謇忙道："雪宧，你有什么为难之处，尽说无妨。"沈寿略略沉吟，晶莹的双眸，闪了两下道："没什么，如果真的要到通州，那么又要烦累四先生了。"

4. 再入"清流"，三助沈寿

1912年3月至6月，袁世凯和熊希龄一起一连写了3封信，尤其是熊希龄以道义为重，情真意切地邀请张謇入阁，使得张謇好不为难。张謇将三哥请来商议，并将袁、熊两人之信，递与张詧观看。

张詧看过以后，不等张謇开言，便道："四弟啊！我看总统词意甚切，你和他又有师生厚谊。何况熊希龄的相责之言，并不错啊。朋友以道义为重，任公（梁启超号）倒肯出山，你又何必峻拒呢？再说，你那治淮的主张和我们这个垦牧公司，也都需要凭借政府的力量才能达到目的啊！还有，少川来信告诉你，余冰臣和沈寿已从北京迁往天津，确切地址不明，你也好趁此去打听一下，究在天津何处。"

张謇听提余冰臣和沈寿的下落问题，会了三哥之意，点点头道："三哥，既然如此，那我就去一趟罢，不过，我离开家里，一切事务都要偏劳三哥了。"

张謇决定了以后，将大生纱厂和垦牧公司的一些负责人叫过来，请大家多多辛苦，协助三先生管好企业。他将家里一切事务交代了以后，便乘飞鹰兵舰，于1913年9月到了北京，先会见了熊希龄，后又一同去会见了袁世凯。

张謇一到，袁世凯就将内阁各部部长的任命发表。任命如下："外交部部长孙宝琦，内务部部长朱启钤，教育部部长汪大燮，司法部部长梁启超，陆军部部长段祺瑞，海军部部长刘冠雄，交通部部长周自齐，财政部部长由熊希龄兼任，工商、农林两部部长由张謇兼任。"

这份内阁名单，时人称其为"名流内阁"。

过了不久，袁世凯在嵩山草堂宴请前清的4位遗老。他们是曾任云贵总督的李经羲、曾任盛京将军的赵尔巽、曾任军机大臣的徐世昌，以及恩科状元、翰林院修撰张謇。当时人们称他们这4位为"嵩山四友"。袁世凯想借他们来欺世盗名。

张謇到两部就任以后，便赶紧派人往天津，打听余冰臣和沈寿的下落。得到确信以后，便和余冰臣通了信。

没过多久，余冰臣就到北京来见张謇，诉说了沈寿在天津的困难。她在天津办的"女红传习所"，眼下就很难维持下去。实在没办法，就只有回苏州一条路了。希望张謇能帮他谋个糊口的差事。

张謇沉思了一会儿道："照此说来，阁下一家的问题，必须全盘打算才对。"

余冰臣点头道："诚然！不知四先生能否为愚夫妇出一善策？"

张謇道："愚意，尊夫人有此技艺，绝不会没有机会一展其长，倒不如径往通州，我即修书一封，请阁下带往通州，交给三家兄张詧。信中说明，介绍阁下为通州盐政教练所国文教员，月薪50元。我这里有300元请阁下带去，由天津至通州的川资有限，余数可留作应急之需，烦致语令正。阁下走后有何困难，可来信告知。"

余冰臣接了书信，拿了300元大洋，辞了张謇回去。他给了沈寿100元，说是张謇所赠，并已介绍他到通州任教。之后他便携了一名爱妾上了通州。

1913年春天，熊希龄以修禊为题，邀张謇和梁启超、汪大燮、诸宗元等几位叙旧，并将梁启超的高足蔡锷介绍与张謇相识。张謇在先已闻其名，今见其英姿焕发，果然名不虚传，大有儒将之风，真个是"江山代有才人出"。

熊希龄因为依了袁世凯，在宣布解散国会的命令上副署了，受到社会舆论的批评，颇为懊悔，心情十分不快。梁启超特地邀他到家中小酌，并邀张謇、蔡锷作陪。

梁启超朝熊希龄道："秉三兄！解散国会的命令未下之前，我曾劝过了总统，他说难以收回成命。我看，在这件事上，还不算过大呢！"他将声音压低，朝大家道："据松坡从袁克定（袁世凯儿子）那里听到的秘密，项城恐怕还有异图呢！松坡问计于我，我叫他（对袁世凯）多示亲密，相机行事，深自韬晦。唉……我们将来想在此久居，恐怕也难了。"

熊希龄似有领悟，点头不语。张謇听出话音，忖度到一定与杨度等人的秘密勾当有关，觉得目下有些政府命令，根本就不再由国务总理参与了。

张謇既对袁世凯的行径有所怀疑，对公务之事也就松懈下来。趁得空时，上天津去看望了沈寿。

他和沈寿相见之下，不由大吃一惊。只见沈寿芳容消瘦，愁思恹恹。

沈寿强笑问道："四先生公务繁忙，拨冗光临，敬谢关注。外子承情绍介，谨此谢谢。"张謇问起沈寿的近况，才知沈寿的处境不佳。自办的"女红传习所"因经济拮据，难以维持，加之地方上的豪绅恶霸又时来缠扰，看来住不下去了。

张謇同情地问道："雪宧，我常有信来询问近况，你如何在复信中，只寥寥数语说平安的呢？冰臣从我那里走的时候，还说你在天津尚可维持，我若是早知你的情况如此，也不会等到今天才来看你呀！"

沈寿似有无限的伤感，双目湿润，低低地道："外子，他么？"可是欲言又止，迟迟地说道："外子走的时候，我的处境已不安宁了。"

张謇道："雪宧，在我看，此处不容人，自有容人处。你姐妹俩要么回苏州老家，要么就到通州在我那里开创个新局面，做一番事业，总比固守在这里好得多啊！"

沈寿感动得热泪盈眶，拈着衣角，低低地道："我也打算上通州去，可是我还有几个人舍不得离开，对她们该怎么办呢?"

张謇慨然道:"雪宧!到通州办女工传习所,不是需要人嘛?通通都去呀!我走后你就结束这里的一切,所有盘费我带了来。"

沈寿忙道:"这点子用费我还有。"

张謇道:"你到通州,还要有用场的。"说时起身告别。

过了3天,张謇带了一名家住天津的勤务,叫他照料沈寿等动身。他交给沈寿两封信,道:"雪宧!一封信给我三哥,他会安排你们住下和日常一切。一封是给你面交女师的校长范姚,由我三哥陪你去见她。她是我的契友范肯堂的夫人,待人慈祥,是大文学家姚鼐老先生的侄曾孙女。我信中请她暂增一个绣工科,招生上课。将来的女工传习所,从造屋到正式招生,都由我三哥办理,不用你去操心。"

沈寿感激万分地道:"四先生,你这样对待我们,我们实在感激。可是,我却无以为报啊!"

张謇正色道:"雪宧!你错了。我哪里是施恩于你们!我是为通州延揽人才啊!"

沈寿双颊绯红道:"四先生!言重了。我愧不敢当啊!四先生如此照顾,叫我……"说时泪随声下。

张謇怕她过分伤感,又见沈鹤一也在旁边拭泪。便道:"雪宧,鹤一,我马上就要回北京去,我这勤务吴兴，人很忠诚，这里又熟悉，由他一直负责把你们送上海轮。"

张謇怕沈寿心上难过，站起身道："不再坐了，你们还要收拾呢！反正我们在通州相见的日子长。"说时便举步道别。

吴兴将沈寿等一行人送走以后，径往北京，向主人复命。沈寿等走后，张謇像了却了一桩心愿，颇觉欣然。

5.公子婚宴，沈寿蒙屈

张謇于1915年年底回到南通时，第一桩事就是去看沈寿。

沈寿一见张謇回来，像有许多话要向他倾诉。首要的是，先向张謇谢谢支持的盛意。同时告诉张謇："范姚校长对我的工作安排，三先生对我的生活关照，他们二位的热情当然使我铭感。然而这一切都是受四先生之赐啊。"

张謇笑道："以后相处日长，可别这样的客气。雪宧，听范校长说，你把绣工科居然办得像个专科学堂，真称得起是多才多艺。噢！听三哥说，你和冰臣不一起住，我看不对，待我明天到天宁寺街冰臣那里，看他那屋子大小。"

沈寿凄然摇手道:"四先生!不劳费心了。我现在倒落得安静。不过,有一件事却要有累四先生,家兄右衡在苏州赋闲,四先生可否代家兄谋个吃饭之处?"

张謇连声道:"有!雪宧,你现在就写信给令兄,叫他全家搬了来,先和你们住在一起。"没多时沈右衡全家来了,张謇将他们安置在南通博物苑里。张謇在余冰臣来见他时,只谈些工作情况,并不曾问他和沈寿不和谐的事。

女工传习所的房屋落成以后,里面有个院子供沈寿住宿。沈鹤一和沈寿的几个得力徒弟,也凑着住在一起。沈寿一子一女,都由管妈照看(沈寿小产以后并未生育,子女皆是领养的)。

余冰臣见沈寿叫苏州邻居徐禾生到传习所当会计,心上不满。加上近两年为了两妾争吵,沈寿对他颇为厌恶,余冰臣对沈寿也不甚理睬。只是余冰臣却常借口少使短用,到传习所来啰嗦。沈寿为了买静求安,起先偶尔也给个二三十银元。后来余冰臣时常来索取,沈寿对他就没好气道:"你每月的薪水50元,只有二主一仆,我每月的薪水也是50元,我和两个孩子连同管妈,还有粹缜在我身边。你为什么还月月闹不够?告诉你,以后我可一文不给,你可不要妄想。"

谁知余冰臣竟勃然大怒,拍桌子大嚷:"你人总是我的,今天非要你拿出50元,少1块钱我都不走。"

沈寿想不到余冰臣竟如此蛮不讲理，不由得气往上冲，浑身颤抖着道："我今天就不理你，看你怎样？"

沈寿硬挣了这几句话时，脸已苍白。谁知余冰臣竟大吵大嚷，吼了多少不清不楚的浑话，把沈寿气得半死。在争吵时，徐禾生就打电话给四先生，及至张謇到来时，沈寿已经昏了过去。

张謇朝余冰臣道："冰臣兄！雪宦这些时身体不太好，你应该原谅她些才是。为了何事又拌起嘴来呢？不该呀！不该呀！"

余冰臣见了张謇，也自知理亏，便道："偶尔有个急需，来向她借点钱，她就出言顶撞。"张謇微笑着道："有点急需嘛，没什么大不了，也犯不着闹得沸反盈天啊！宜高（张謇的保镖叫吴宜高），你和余先生到禾生那里，在我名下暂借30元给余先生。"余冰臣就此搭讪着走了。

经此一来，沈寿就病倒了。张謇为了使沈寿能安心养静，省得余冰臣一再来啰嗦，劝沈寿暂到濠南别业东边的"谦亭"里稍住些日子。

沈寿怕累烦张府，坚不肯去，经不住吴夫人一再相劝，沈寿才带了管妈暂住"谦亭"养病。沈寿的日常饮食，皆是吴夫人吩咐厨房料理，甚至每日还不忘给她进补一些利于滋养的高贵补品。

起先沈寿还坚辞不用，日子一久，吴夫人又常来相伴相劝，也就不好再推辞了。由于身心宁静，又得药物滋补，沈寿不但病体很快康复，并且比以往更加丰腴了些。沈寿揽镜自照也觉欣然。

沈寿因身体已经完全好了，在"谦亭"这些日子，她实在过意不去，便打算回传习所。沈立也说，妹妹身体既然好了，也就不必再打扰张府。

张謇听到此话，便和夫人过来看望。沈寿请他俩坐下，亲自奉了茶。张謇笑道："雪宧，听说你打算回所里去是吗？"

沈寿嫣然一笑道："是的！现在我身体好了，在府上打扰了这许多日子实在过意不去。"

张謇笑道："不管你过意不过意，还得请你再打扰几天呢！"

沈寿不解地问："四先生！这是为何呀？"

吴夫人笑着朝沈寿道："为孝若完婚的事，想请你帮几天忙。另外他拟了个婚庆仪式，要和你商量商量。"

沈寿笑不可抑地道："好呀！状元公拟的婚礼仪节，竟要和我小女子商量。我的面子可真不小啊！喜日择在什么时候，公子在南洋晓得吗？少夫人是哪家府上的名门闺秀？"

吴夫人都一一作了回答。

张謇得意地拈须微笑道："喜日不远了。孝若有电报回来说，他老师大谟和他一同回来吃喜酒。这桩亲事嘛，我们是慎之又慎。我的知交赵竹君，曾帮孝若介绍了几家的小姐。我们倒没什么，可是孝若却总不点头。这门亲事是如皋契友沙健庵做的月老。孝若一看姑娘的玉照就动了心，门户确也相当。姑娘曾在上海徐汇女中毕业。就为此事，屈留你帮帮内子的忙。大婚那天，烦你担任女傧相。"

沈寿嫣然一笑道："我怕不行吧？"吴夫人掩口微笑道："不行他会选你吗？告诉你，他在给孝若的电报里，还叫孝若带点你喜欢的礼物呢！"

沈寿摇手道："那可不能！我也万万不敢领情，在府上打扰了这么些时日，我应该效效劳嘛！"

1915年11月14日，是张家公子孝若的喜期。张公子在此前回了南通。张公子一回来就和母亲向沈姨请安。沈寿笑道："公子别客气，请坐！"亲手沏茶奉敬。

张公子坐了一会儿，起身告辞时，从西服袋子里取出一只精致的小匣子，大小只有一寸见方，揭开匣盖置于桌上，里面却是一只晶莹夺目的金钻戒。

张公子朝沈寿道："家父命带点菲礼给沈姨，孝若就买了这点小东西，望沈姨笑纳。"

沈寿朝吴夫人道："四夫人，这可不能！此情绝不敢领。"

吴夫人也站了起来道："我和孝若还有事要去找人，

这是孩子的一点心意嘛！送来了还会拿回去吗？"

张謇家娶儿媳妇，沈寿确实在张府忙了十多天。单是安放陈府陪嫁的妆奁，她就忙碌了三四天。应该把什么东西放在什么地方恰当，安放好了后，她看看觉得还不顺眼，又叫丫头仆妇们重新依着她的指点搬放。

吴夫人道："我们已经情同姐妹了。从现在起，我喊你妹妹，你叫我姐姐，不就亲热得多了么？四先生说，管妈请叫你沈夫人，你不同意，只许她叫你沈老师，有这句话么？妹妹！我们现在就改口。"

沈寿实在拗不过吴夫人，从此就称呼吴夫人为大姐。

张謇为儿子张孝若订的婚礼，是新旧结合，中西合璧，正规举行文明结婚仪式。婚前有亲迎礼，新妇有馈饷礼，婚时有庙见礼，并特地聘请太仓的王康寿先生做冠礼大宾。文明婚礼在南通师范礼堂举行。新郎、新娘坐的是张謇乘的汽车（这辆汽车在当时是南通仅有的一辆），汽车上披着彩绸、彩球。军乐、细乐轮番吹奏。12面彩旗在后面迎风招展，彩旗后面是服装整齐、荷枪保护的卫队。沿途铳声、鞭炮声不绝于耳。这样的文明仪式，在南通还是第一次。

居民们看惯了花轿执事的提灯、纱灯、灯笼、火把、粗乐、细乐、放高升、放铳的旧式迎娶仪式，对新式的结婚庆典感到新鲜好奇,都争先恐后地抢着看,沿途拥挤得水泄不通。汽车到了礼堂,男女傧相扶着新郎、新娘步上礼台。司仪高呼:证婚人就位,主婚人就位,新人就位。证婚人是南通县长卢鸿钧,主婚人是新人双方的家长张謇和陈劭吾。

一对新人向主婚人、证婚人分别行了三鞠躬礼,又面向来宾们行了三鞠躬礼,由证婚人授给新人结婚证书。新郎、新娘相对一鞠躬。这时礼堂外粗细乐齐奏,鞭炮声响入云霄。

张公子风度翩翩,如临风玉树。新娘雍容华贵,仪态万方。来宾们个个羡赞,四先生这对佳儿佳媳真是珠联璧合。

可是在礼堂里,许多来宾的目光却投注在紧贴新娘身边站着的那位女傧相沈寿身上。原来沈寿今天的打扮和衣着特别显眼,吸引了来宾们的眼球和格外的注意。大概也是人逢喜事精神爽,沈寿今天特别高兴,打扮得非常漂亮。她那乌漆光亮的青丝,挽着个时新的横阿士髻,髻上插6根赤金别针,髻中央插着一朵小小的大红绒花,镶着4片翡翠色的小小绿叶,越发显得鲜艳。身着绛紫缎灰眷兜边镶的细毛旗袍,大襟上挂着一块钻石金表,一朵翡翠连坠珠花,用金练悬于项下,足下一双无瑕绣花蚌壳式的棉鞋。特别令人注意的是她右手中指上的那枚闪烁生光、晶莹夺目的白金钻戒。

沈寿这些时，由于心情舒畅，营养适宜，不但恢复了健康，比平时也丰腴得多了。她虽然已是不惑之年的中年人，却还是徐娘风韵，顾盼生姿，衬着今天的这身打扮，就像年轻了许多。

她伴着新娘，神态悠闲，粉靥生春，轻颦浅语之时，惹得许多来宾凝眸注视，窃窃赞羡。有些人不免在私底下评头品足，语涉邪微。谁知这时却被坐在这些先生背后的一位来宾窃听了去。他就像金刚怒目，狠狠地盯着沈寿，咬牙切齿，怒不可遏。原来这位来宾就是余冰臣。礼成后，男宾们都邀往俱乐部参加喜宴，女宾席却在张府。沈寿免不得又要帮助吴夫人接待，直到晚宴散后才回"谦亭"休息。沈寿觉得没病没痛了，闲得无聊，便趁张府喜事过后，回了女工传习所执教。

就在张謇回常乐镇会新亲的这短短的几天里，沈寿却因飞来横祸，险些送了性命。

这时余冰臣调在南通平民工场当总办，工场设在猫儿桥，余冰臣住在天宁寺街，来去要乘轿子。轿夫来去接送是包月给钱。余冰臣又有点官气，每月月薪50元不大够用，因此常向沈寿索取一些弥补短缺。自从上次发生了口角以后，他负气不上沈寿这里来了。

事有凑巧，偏偏在新婚典礼上，那几位贺客不注意，在背后评论着沈寿的相貌人品，又语涉不经，却被余冰臣听到，当时不好发作。后来听到张謇一家上了常乐镇，他就趁此机会，跑到女工传习所，没好气地和沈寿吵了起来。

余冰臣一见沈寿，凶神恶煞般地大声嚷道："我来问你的话。"沈寿便也没好气地答道："没什么好问的话！"这时沈鹤一和侄女粹缜及金静芬等闻声赶来，见余冰臣和沈寿两个人的脸色都不对，便上前相劝。

谁知余冰臣一见人多了，就像吃醉了酒一样，指着沈寿气势汹汹地问道："你手指上的那只白金钻戒，来头不明不白，是谁送给你的？今天你如果不交代清楚，我绝不会放你过门。"

沈寿几时听过这样难听的无礼话，她气得脸色苍白，浑身颤抖，手指余冰臣颤声道："戒指是人家送给我的，你可管不着。我既然能收下，就没有什么不明不白。一句话，我的事你没权管，你给我走开！"

沈寿从来没有对任何人发过这样的脾气，她真是气极了。余冰臣见沈寿居然一反过去那种逆来顺受的态度，说出话来斩钉截铁，使自己下不了台，便把脚一蹬，嘴里不清不楚地乱嚷乱吵，伸手就要去拉扯沈寿。谁知沈寿无须他拉，已经口吐鲜血昏过去了。幸亏沈鹤一等旁人都在，在她昏迷要倒时，连忙将她搀扶着送到房里。

沈右衡这时赶到，不管三七二十一，先将余冰臣拉了走开。沈鹤一等人忙了一大阵，才见沈寿悠悠醒来，嘴里不禁喃喃地数落余冰臣。可是把医生请来时，她却不肯搭脉。任你好说歹说，她只是哭个不停，还哀求沈鹤一不要告诉四先生。急得沈鹤一搓手顿脚，不知如何是好。

正在大家不知所措时，张謇和夫人已经踏进了房门，一眼看见沈寿双目紧闭，面色惨白，有气无力地呜咽着，不由得眼含热泪。

吴夫人不待说，扑到沈寿身上，轻轻安慰。沈寿极力睁开病眼，抽咽着道："姐姐！请你不要为我伤心，请你朝四先生说，请他不要管我的事吧！"说时气喘吁吁呛咳了起来。

吴夫人掉头喊四先生，沈立朝她摇摇手，原来张謇将沈粹缜唤出去问明原委，便立即出去派汽车将南通名医汤回春请来。汤先生一到堂前，张謇招待奉茶以后，就陪汤先生进了房。

汤先生诊过脉以后，道："不要紧！沈所长是激怒伤肝，加之她原来气弱体虚，血因肺气所冲木火上炎而出，只要能节劳静摄，三四贴药即可渐痊。"汤先生起身出房，张謇陪着他开具处方。

汤先生开了脉案，方拟保元、养心二汤加减。药单开好，汤先生递给张謇道："四先生，请过目。若服不烦,血不再出,能寐,就不必再诊。只需稍稍进补就行。"张謇一面叫人去配药,一面将汤先生送走,回来将汤先生所说,告诉了沈寿,并道:"从现在起,你一切都需听你大姐的,且到'谦亭'住几天。"说时,沈立、沈右衡等都来了,听说不妨事了,大家心上一宽。

汤回春真是能指到回春,三贴药以后,沈寿就觉得好得多。加之张謇夫妇的热切关怀,沈寿日有起色。沈寿每日都要支撑着起身,什么人参汤、桂圆莲子羹,都是一早上由吴夫人的贴身丫环翠兰煨好了送过来。如果凉了,管妈就点燃起"五更鸡"(旧时的一种炼油灯炉)热一下。

张謇见沈寿已日渐恢复,便和沈寿道:"雪宧!为了盲哑学校和残废院的经费问题,我准备到上海去再卖回字画。你等我从上海回来再说,我已吩咐你大姐了。"

6.国宝沈绣,名驰海外

袁世凯死后,张謇对时局的暂时安静,并不太放心。他认为中国没有真正的统一,就谈不上国泰民安,就不会有真正的独立自主。他在上海卖字的预定计划已近完成,便打算动身回去。

张謇和上海几位友人告别以后，回到大生纱厂和张詧说了些在上海的情况，认为袁世凯的如此下场，是咎由自取。

一天，张謇问三哥张詧道："三哥！沈寿的近况如何，可还在'谦亭'养病？"

张詧点点头道："她么？又在'谦亭'养病了。她这个人啊，真的说不来。你走后才三四天，她就要上所里去，被道惜硬留住了她几天，她就上了传习所。去了不曾到10天，现在她又发了病，好在道惜得信快，马上又把她接进了'谦亭'。"

张謇惊问道："三哥！她的病情严重不严重？"

张詧道："没有上一回出血多。汤先生说，一定要节劳。我已吩咐道惜，3个月以内，不能让她再去操劳。三四天前头，我到'谦亭'看过她，饮食起居，皆已如常，就是脸色还欠红润。"

张謇听到这里，觉得心里一宽，便辞了张詧回去。

张謇回到家里时，吴夫人却在"谦亭"陪沈寿，翠兰丫环打了洗脸水，让四先生净过面，便泡了茶来。张謇略略呷了几口，便从东边角门往'谦亭'走。

张謇见院子里头静悄悄的，鸦雀无声，心里怀疑，怎么这里没人呢？他走近"谦亭"没多远处，忽见吴夫人出了"谦亭"，轻轻移步向他走来，招手示意。

张謇连忙停步相待，等夫人到得近前忙问道："道

177

恺，雪宧怎样？"吴夫人轻轻地道："这几天好多了，不知怎的今天接连呛咳了两次，方才服了药后，却静静地睡着了。我不放心，坐在明间里，看静芬绣小绷子的花。听到院子里有脚步声，还不曾想到是你回来了，翠兰可曾料理你的饮食？"

张謇轻轻答道："我在厂里吃过了，三哥告诉我，雪宧不听劝，又发了病，亏了你将她接进了'谦亭'，病情还算好，不过重。"

吴夫人道："有我在这里，你且回去歇会儿再来。"

张謇道："不必回去了，我也不累。你不要老是站在这里，站的时间长了很吃力，仍旧去看静芬绣花，让我在院子里踱会儿。"

待沈寿醒后，张謇问了沈寿这回发病情况，并郑重地嘱咐沈寿，千万不能过分操劳。有了坚实的身体，才能干绣艺发展的事业。要注意调理，多进些滋补。

从此沈寿便在"谦亭"住下，三五天到所里看看，回到"谦亭"便辛勤刺绣，习以为常。原来沈寿之所以要留在"谦亭"住下，是她得知张公子要留学美国，就下决心要精心绣几件珍品，赠给张公子，让他馈赠给美国的友人，同时也表达自己答谢张公子赠送白金钻戒的盛情。

张謇对沈寿此举感在心上，喜在面上。故而在严冬的时候，也经常到"谦亭"来嘘寒问暖，还力劝沈寿不要过分劳累。饮食方面，吴夫人更是加意照料。因此，沈寿这样脆弱的身体，在整个冬天的风雪阴雨中，却从未得过任何疾病。

新春里，吴夫人特将沈鹤一和粹缜及慰慈姐弟俩一起接来，让沈寿团聚几天。沈鹤一等见沈寿精神颇佳，甚为欢喜。元宵过后，沈寿亲自选样，吩咐金静芬等几个人精心赶绣。告诉她们这些绣品都是让张公子带往美国去的，千万不能大意。

沈寿谨记张公子将在三月（农历）里赴美，便在二月里天气晴和的时候，回了传习所，以便随时指导学生的业课。

张謇为儿子张孝若择了行期，并占了一卦，爻辞是"品物成亨"，是个吉卦。便兴冲冲地告诉沈寿，已择了孝若的行期，方才占了一课，卦辞颇吉，孝若此去，或获成就。

沈寿嫣然一笑道："公子有志深造，四先生又着意栽培，将来'克绍箕裘'，定是远大之器啊！"

张謇得意地拈须微笑道："雪宧！你期之太过了。孝若能如你所说，可以克绍就了不得了。"

沈寿争论道："不然！令郎家学渊源，而今又远渡重洋，将来学贯中西，到时与四先生你这清代状元相较，恐怕有过之而无不及的呢。喂！四先生，我为公子绣的这两帧花鸟尺幅，请你评评如何？"

179

张謇哈哈笑道："这个嘛！我却是外行。哎呀！孝若大婚时累得你那样，我和道憘真的过意不去。现在孝若留学去美国，又惹你操心劳累，我心何安啊？"

这时沈寿已将她绣成的两帧花鸟尺幅取出，展放在书案之上，笑对张謇道："请你指教！喂，可不许瞎恭维。"话刚出口，沈寿觉得有些离格，好在管妈不在旁边，顿时脸色微红改了口道："四先生，你看看针法可有毛病。"

张謇笑道："评文章我算行家，对于绣花一道，我是十足的外行啊！"说时，将两幅绣品细细地看了又看，不由得极口赞道："不愧！不愧！雪宧，你瞧这一双乳燕的翎毛和色泽，与一上一下飞鸣时的顾盼姿态，真的神化极了！这幅牡丹，就像真的国色天香一般，这蕊瓣的颜色，是多么的鲜艳，配着这翠绿的叶子，衬托得十分相称。妙品！妙品啊！"

沈寿留张謇在她这里用餐，菜肴并不太多，一盘子炒双冬，一盘子炒虾仁，一碗开洋青菜，连一个焖鸡，共有4式。

张謇用餐后，道了谢，袖着沈寿的词笺，便从濠阳小筑的东角门回去。过不多时，就打发公子带着沈寿的绣品上美国去了。

张公子上美国没多久，就寄了家书回来，述及美国朋友很喜欢沈姨的绣品，美洲将举办"巴拿马博展会",有朋友劝他写信回来,希望沈姨能赶制几件精美的绣品,在会上展出。这是沈姨一鸣惊人的机会,沈姨定可乐从的。

张謇笑逐颜开地将张孝若的来信,送与沈寿展看,笑道:"雪宧!你驰誉国外的机会来了。皇天不负苦心人啊!"沈寿把信看过,展颜一笑道:"公子如此热心支持,将来如果成功了,公子襄助之功不小啊!"张謇笑道:"雪宧,祝你成功!为国争光,说不定我们这个女工传习所,还会大有作为呢!雪宧,你现在就着手设计图案,分配人事,进行筹措吧!"

沈寿十分高兴,满怀信心,想发展中国的传统艺术。她设计了山水、奔马、花鸟、仕女等图案,分别由金静芬、施宗淑、沈粹缜等人和几个优秀学生刘采蘩、沈雪芬、王坚等分工绣制,由沈立随时检验指导。她自己却独出心裁,以画片上椭圆形的耶稣像为图案,制作一幅高53.4厘米,宽38.1厘米的耶稣像。她根据油画的色彩,利用色绒、色丝,将光绒的色泽精细地研究配合绣制,其绣法与针工超出一般绣工之上,确实是杰出之作。

在3个多月的时间里,沈寿辛勤地逐件验看,将一件件制品熨烫得平平贴贴,将耶稣像和其他绣件都配了精致的框架,装了木箱,派人妥善地运送出国。张謇根据沈寿之意,在绣品展出时,除耶稣像不售出外，其余绣件可由博览会标价出售。他写信给了张孝若，叫他根据情况处理。谁知中国的绣件，在博览会上一展出，就轰动一时，所有绣件被人订购一空。美国商会竟托人与张公子洽商，情愿出15000美元，订购这幅耶稣像绣品。

张公子被缠得没法，只好打电话向父亲和沈姨请示。张謇复电，根据原意，此像为非卖品，如美商尚需其他绣品，可以预约订货。外国人有一种劲头，你越是不卖，他就越是想买。由此，沈寿的绣品"沈绣"之名，竟在国际上获得崇高的美誉。

美国商人通过中国留学生和张公子洽谈，准备在美国开办一所专销沈绣的机构。张公子答应向父亲请示。

张謇接到公子的来电，喜朝沈寿道："雪宧！你驰骋于国际市场的时机到了，应该向你致贺啊！"

沈寿不好意思地道："四先生，全仗你的鼎力相助呢！"

张謇道："看来这南通女工传习所的名称，对外不太合适了。"沈寿道："四先生，依你之见呢？"张謇拈须笑道："我们索性就大搞一下，创立个'中国织绣局'，开办个'福寿公司'为销售机构。'女工传习所'则为'中国织绣局'的附属机构，你看好不好？"沈寿嫣然一笑道："你想出来的主张，怎的不好！南通有几个张状元啊？"沈寿忽然察觉这句话不对，立时双颊绯红。张謇瞧着沈寿，好像愈加妩媚了，便道："好！我们准定这样办。"

张謇在当时由于所办的实业都很成功，凭着他的声誉和活动能力，没多时沈寿就当了南通的"中国织绣局局长"，在上海九江路开设了"福寿公司"。在美国第五街开设了"中国织绣局纽约分局"。同时又在意大利、瑞士分设了销售处。从此沈寿以百倍的信心，致力于她的刺绣事业，使女工传习所的业务蒸蒸日上。由于业务的扩大，国外的订货日增一日。织绣局的基础大了，盈利的收入多了，所里的职员工人们待遇也提高了些。可是沈寿却因擘画设计，日夜辛劳，加上她还要躬身操作，在忘我的劳累状态下，她又病倒了。这可是把张謇急坏了。

张謇见沈寿病了，不由分说，将她接进"谦亭"，立即将喜海珊老先生请来诊视，喜老先生说的话和汤先生的话一样，无论如何要节制劳动、少思虑。病由积劳受寒而起，无甚大碍，处方药命服三煎便可痊愈。

张謇每天在百忙中，傍晚回来时，都要先来看望沈寿。有时还陪她谈些诗文和日间的事务。吴夫人和少夫人也不时前来相伴。

沈寿这一回的病，完全是由操劳过度而起的。在"谦亭"的舒适环境里，饮食起居全由吴夫人精心料理。每天早晚两次各种高贵补品滋补营养，那就不用说了，都由吴夫人那里备好送来。

沈寿处在这种优越的生活环境之下，经过十几天的休息疗养，精神就渐渐地得到恢复。张謇见沈寿很快面色红润、身体健康起来，心里非常欢喜，但还是不断地嘱咐沈寿安心静养。

7. 报恩制赠，蟢子绣图

一天，沈寿又突然病发，张謇立刻打电话，请来法国医生，帮沈寿打了一针。沈寿醒来后，任凭如何劝解，她都一言不发，哭泣不止。

吴夫人赶了来，不由分说，便将沈寿接往"谦亭"。然而，沈寿的病情却一天重似一天，中西医皆诊治无效，把个张謇急得像热锅上的蚂蚁，一时张皇失措，这天忽见陈君楳到来，张謇便请他帮沈寿诊治。

陈君楳诊过脉后，出来对张謇道："啬翁！雪宧病情不轻啊！气血两损，不是马上就能治愈的，可速将沙健庵邀来为她诊治。"

张謇道："啊，健庵？我知道健庵熟悉医道，却不知他还精于为人治病。"

陈君楳道："健庵不仅熟悉医道，他还曾经受过如皋有名的中医前辈薛宝田老先生的指教呢。"

张謇喜道："噢！原来他是薛老先生的弟子。我知道薛老先生，曾经奉旨进京为慈禧太后看过病，是如皋医学界的前辈，可是他却不是大夫，而是一位盐大尹。健庵受他的指教定然不错。我这就打电报给他，派轮船去接。"陈君楳立了脉案，开了处方，吩咐配两剂药煎服。

沙健庵接到电报后，轮船一到便上了南通。张謇见沙健庵应邀而来，心中大喜，迎入书房坐定，稍稍告诉沈寿得病之由，及陈君楳对他的推荐。

沙健庵笑道："君楳言之太过，我们还是先去诊诊脉再说。"

张謇便陪着沙健庵上了"谦亭"。沈寿与沙健庵见过数次了，由于病中精神委顿，只微微点头示意。

沙健庵静静地把着脉，看过舌苔，问了些昏厥前后的情况，然后起身出房。他轻轻朝张謇道："雪宧病情不轻，目前尚不至于危险，暂可放心。"

坐定后，沙健庵立了脉案，开了处方，朝张謇道："啬翁！君楳所见，大致相同：雪宧之疾，虽因激怒伤肝而起，实则体质久虚，加之积劳任烦，以致经络疲虚，元气不充。如今因气血欠荣而精神不振，四体乏力。我的处方以益元、养血二方加减，待服两煎后再诊。今后务必让雪宧静养，切忌烦扰。"

原来陈君楳药方上开的脉案，与沙健庵所谈大致相同。张謇深深佩服。沙健庵深知张、沈之间的感情非比寻常，知道张謇对沈寿病况非常担心。他告诉张謇，此药服后，定有效果。再诊时如达预期目的，则10日之内定可痊愈，不必担心。

张謇听后也就宽心得多，便陪沙健庵从角门回到濠南别业，将沙健庵安顿在书房里，整天陪着。说也奇怪，在沙健庵连续诊治，沈寿接连服了沙健庵十来帖煎剂以后，竟就脱了险境，能够进些饮食，以及营养补品。喜得张謇心花怒放，吴夫人也不时合掌念着"阿弥陀佛，菩萨保佑"。

沈立和沈粹缜等人更是满心欢喜。沙健庵因沈寿体质太弱，临走之前特地将益元、养心二汤之方加减，分别开了膏、丸二方，嘱咐沈寿常服。并坚嘱沈寿务必节劳少虑，切戒忧郁闷愁，万万不可轻动肝火。沈寿感激沙健庵再生之德，表示大德难忘，金石之言，当铭肺腑。

从此，沈寿常服沙健庵开方配制的膏、丸，身体渐渐好了起来，精神也就好得多了。加之张謇和吴夫人不离左右地陪着，沈寿也就得以安心休养。

沈寿是个非常好强的女子，虽然身体好了些，可是她的心情却还非常沉郁。只有在张謇或者吴夫人来时，她才有说有笑。尽管如此，有的时候总多少带点勉强，原因就出在余冰臣说她"丢人现世"这4个戳心的字上。沈寿如同刻骨铭心一般,深深地镌在心上。想到时便悲从中来,暗自泪泣。

她心想,自己没有对不起余冰臣,没有玷辱家声的失德之处。而你余冰臣对待我是如何的薄幸、无情!谈到张謇,他先将你余冰臣安置到南通任事。以后又将我和姐姐等人资送南通,支持我创设女工传习所。又把我哥哥一家从苏州招来,安排了职务。我们余、沈二家受人家如此厚恩,怎能不铭感在心?至于我和张謇,虽然形迹稍亲,可是我们之间却是发乎情,止乎礼,此心是对天可表的,从无不可告人之事。你竟血口喷人,胡言乱语,而且又含沙射影的,伤害张謇先生,叫我如何做人,如何对得起人家?

想到这些,沈寿便像利刃穿心,痛不欲生,只有背着人伏枕哀啼,自叹命薄而已。沈寿认为做女人很难,尤其是像她这样的女人,就更难做人了。沈寿这种内心的痛苦,只有偷抹伤心之泪,有苦难言。所以尽管有上好的药物调理,有张謇夫妇的精神慰藉,总归是心病难医。如果不是这么好的医疗和护理,像她这样的孱弱身体早就支持不住了。

一晃要过新年,依着张謇要沈寿把子女都接到"谦亭"来,既让沈寿得到点安慰,同时也热闹一些。可是沈寿却不大愿意。后来沈右衡来和沈寿商议,除夕之前将二姐和雪妹,一同接到他家住下过年。张謇得知后，便极力主张，姐弟们团聚一起叙叙家常，消消寂寞，是再好没有的了。他对沈寿道："雪宧！过了元宵，我派人到右衡那里，仍把你接到'谦亭'。"沈寿道："且等过了新年再说吧。"

新年过后，沈寿觉得精神甚好，便不让张謇知道，上了女工传习所。谁知第二天，就下了大雪。沈寿洗漱以后，见天空彤云密布，纷纷飞舞着鹅毛雪片，霎时间那沿堤的桃柳和栉比的房屋，都被皑皑的白雪密密遮住，宛如银装素裹，好看极了。

沈寿一时高兴，拉着沈鹤一，站到濠边观赏雪景。管妈道："沈所长！外边寒气太大，你的身体不强，快到屋里取取暖。"沈寿笑对沈鹤一道："姐姐！管妈老是怕我着了凉，活像我是个小孩子。"沈鹤一道："是的！我也觉得有点冷。我们进去吧！喂，妹妹，管妈处处照护你，真是个忠厚的长辈，像这样对你忠心耿耿的人不容易啊！"

当天夜里，沈寿就发寒发热，患起了伤风。当张謇得知沈寿瞒着他上了女工传习所，前来看望沈寿时，沈寿正在发高热呢！

张謇询问后得知沈寿贪看雪景，得了风寒。一面埋怨沈立不该让沈寿如此任性，一面命人就近将喜海珊老先生请了来。喜老先生把过脉后说道："虽是由感冒风寒而致病，但已引动宿疾。夜间呓语却非伤风所致,处方已经兼顾。看来非短时期内能够痊愈。"

张謇送走了喜老先生,一面命人速去配药,一面打电报给如皋。张謇赶忙派小火轮到如皋,又将沙健庵请来,然后又不由分说,将沈寿接进"谦亭"。沙健庵应邀而来,由张謇陪同到"谦亭"。沙健庵为沈寿切脉,看了喜老先生的处方后道:"喜老先生不愧是位前辈,但是兼治则药力弱而奏效微。现宜先为之解热祛风,待其热退风除,再行疗其宿疾。啬翁勿忧,雪宧此番绝无危险。"他开了两方,叫先服两煎以待续诊。因此沙健庵又被挽留在南通待了数日。

这回沈寿是由伤风引起的病,虽然引发了旧病,好在平时着重滋补,又常服沙健庵开方配制的膏丸,体质稍好了些,所以在接连服了沙健庵3个煎方以后,寒热便退了,痰里也没有血丝了。

张謇笑对沙健庵道:"健庵兄,你真是指到春回啊!"

沙健庵笑道:"偶尔!偶尔!这回要坚嘱雪宧处处当心,不可大意。"

自经这回病后,张謇叫沈立处理女工传习所的一切事务,让沈寿安心静养。日子长了,沈寿哪里耐得住,便要求张謇帮她创作绣谱,被张謇止住道:"健庵盼咐,你要节劳少虑,等过些时看情况再说吧。"沈寿只好依了张謇。好在吴夫人不时地过来相陪,倒也不感寂寞。张謇来时，总是教她多读诗词，有时还出题目，不是叫填一阕小令，就是叫吟一首五言绝句或七言绝句，由他帮沈寿修改。

一天，张謇儿子张孝若在如皋得知沙健庵的三姨太太生了第九位公子，其时沙健庵已近花甲之年，真算得上是件天大之喜。

张孝若听到这样的喜讯，忙去禀告父亲。张謇拈须大笑道："好你个健庵！老树开枝。值得一贺！"

谁知张謇还未修书，沙府的报喜仆人王源却已奉命来了。呈上书信，那信上写道："小星（即小妾）近得一子，奉上喜蛋三十九枚，祝啬公也以此努力而不懈怠。"

张謇大笑道："健庵真是诙谐！"当即写了贺信，赏了王源。便命媳妇送9枚红蛋与沈寿，并告诉她这件喜事。

第二天张謇到"谦亭"时，沈寿朝张謇道："沙太史有此喜庆事，理应备礼道贺才是。"然后又嫣然一笑说，"我想本山取土，绣件东西送给沙太史，你看如何？"张謇拍手笑道："想得好！绣样珍品送给健庵是再好没有了！但是不知你绣一样什么东西？"

沈寿道："待我设计好了，再告诉你！"随后沈寿便命管妈，到女工传习所把画师小颜先生请来，请他设计画一幅81只蟢子（蜘蛛）的图样。小颜先生道："这种画面要宽，81只蜘蛛的形状、大小、动态，都要各尽其妙。对于方位的安排更为重要。这样吧！我将大样图先画出来，和家父斟酌以后，再和所长研究。"

为了把这件绣品绣得生动，沈寿特地命人提了许多大小不等的蜘蛛，把这些蜘蛛放在一张大白纸上爬行，请小颜先生实地观察，画的图样直到沈寿认可后才算定稿，以便着手上绷开绣。

张謇为了爱护沈寿，劝她不要过分劳累，千万要注意自己的身体。

在两个多月的时间里，沈寿精心把《喜（蟢）子图》绣成了，并熨烫得平平贴贴以后，由张謇派专人送与沙健庵。沙健庵接到沈寿的这份厚礼，真是喜上加喜，重赏了来人，修书向沈寿道谢问好，另外修函问候张謇。沙健庵还特地请了几位知交小饮，专门欣赏沈寿的精绣《喜子图》。沈寿绣的这 81 只蟢子，有大的、小的、雌的、雄的，蹲的、爬的，结网的、捕蝇的、缘壁而行的、悬空扯丝的，神态各异，各尽其妙。沙健庵非常重视，收为珍藏。他和张謇各做了一赋咏《喜子图》的长律诗，收在《张季子九录》和沙健庵的《志颐堂诗文集》里。

8. 情礼相承，终成绣谱

沈寿制赠《喜子图》后，精神好转了许多。但她自己深知目前全是药物扶持，才能苟延性命的。所以她经常敦促张謇，帮助她写成绣谱，了却她一重心愿。

其实张謇也考虑到沈寿的身体屡弱，极想及早帮她写成。因为顾虑她的精神难支，所以才迁延下来。目前见沈寿的精神还可以，又经她敦促再三，便趁机道："雪宧！绣谱既是你毕生的心血结晶，又属于刺绣事业的经典著作，必须字斟句酌，不能稍有粗疏。不过，在着手之前，我们要立个章程，才能专心致志地把它写成功。"

沈寿见张謇答应帮助，大喜道："四先生！这是我麻烦你的事，我一定尊重你的意见。"

张謇郑重地道："条件不苛。在动笔的时候，你绝对不要过问女工传习所里的事。从今以后，每天上午你学着吟五言或七言诗一首，由我下午来时帮你修改，以陶冶你的情趣。每天下午口讲绣谱一节，由我录写后编撰成章。第二天下午，在我来时将谱稿校订认可后，交人誊清。下一天午后，再继续口讲一节由我录写，每天时间不得超过2小时。中途如果你觉得疲乏，就暂停一两天。根据你的精神以定作息，我每天午后2时一准到'谦亭'来。如有特别事故，我定在事先申明，到时候叫道惜来陪陪你。"

沈寿见张謇对她如此体贴入微，让她安静地消磨着病中岁月，心里有说不出的感激。她亲切地朝张謇道："为了我累你和大姐，处处为我操心。我实在过意不去。如此情谊我将何以为报呢？"

张謇欣然道："雪宧！只要你平平安安的，听健庵的话节劳累，少愁烦，就比什么样的谢我们都好。"

沈寿听了张謇的这种温情话，感动得明眸里晶莹湿润，点着头道："我一定听你们的话。"

从此，沈寿和张謇每天午后在"谦亭"里辛勤编写绣谱。张謇把他的日常事务总安排在每天的上午，下午一到"谦亭"，他就例行公事，先是代沈寿阅课，然后就是记录和校订绣谱。一般由沈寿口述内容，经张謇记录下来，加以整理。大体上，先述出一个概论，然后将总谱分为8章，每章又分若干节，每节里又有若干则。一天里或是讲一节里的一至两则，有时候两三天才讲完一节。

张謇遇到特别事务，实在不能来时，吴夫人便过来陪着沈寿，闲话家常。可是每天晚上，张謇总得到"谦亭"来一趟，利用晚上的时间校核录下来的绣谱，以便第二天和沈寿推敲定稿。沈寿一点都不肯疏忽，逐章逐节逐则，都和张謇反复商榷。有时候到深夜，沈寿都深情地催张謇回去休息，夜宵都是沈寿亲自为张謇料理。

自从撰写绣谱开始，由夏末到深秋的这段时间里，张謇总是根据沈寿的精神状况安排作息，不让沈寿过分劳累。中秋佳节之前,张謇借故歇了两天。

中秋这天,张謇让沈立把沈寿的一双儿女和侄女沈粹缜一齐带了来,让沈寿一家人团聚。赏月的酒菜,由张府送来一席,让她们欢度良宵。

过了不多一会儿,张謇和吴夫人踱过来了。吴夫人问沈寿喜欢吃些什么?这些时饭量可曾大些?

沈寿答道:"大姐啊!托你和四先生的庇荫,我近来饮食是增加了些,可是在府上如此打扰,实在是过意不去啊!"

吴夫人正色道:"雪妹!你倒又来这么一套了,以后可不许再提这些话。噢!我要回去照应淑云设供拜月。"

吴夫人走后,沈寿和管妈在亭外,围坐在一张四仙桌子边。管妈在桌子上放了一只古铜小鼎炉,一副白铜福寿烛台,去燃起了茶鼎。沈寿净面沐手以后,陆续在桌上陈列了供品,供品是雪藕、水梨、红柿、石榴和碗口大小的一枚贡月(月饼),一色用定窑的尺寸青花瓷盘盛放。

管妈报说茶鼎已沸。沈寿便取来一只康熙窑的银托(珊瑚描金盖碗),在青花茶叶瓶里,倾放了西湖龙井,让管妈沏水泡了。她恭恭敬敬地将其供到桌上,然后便燃烛、焚香,管妈在供桌前放了缎面拜垫。沈寿恭立桌前,注视着月光下拜。拜毕,她又起身到房里取了两只连托青花盖碗,倾放了龙井茶叶,叫管妈泡好放在靠西边的茶几上。

她见张謇兀自在院中对月低吟,心里好笑。都这么大的岁数了,还是这种书生气。便低低道:"四先生!当心着了凉,茶泡好了,进来坐坐吧!"

张謇见沈寿喊他,笑吟道:"月到中秋分外明,贪看月色何须坐。"说时走了进来。

二人对几而坐,共啜香茗,望着户外的月色,张謇想引逗沈寿一笑,便笑对沈寿道:"哎呀,雪宧!方才我倒忘却了。"沈寿见张謇没头没脑地来了这么一句,呆望着张謇,问道:"四先生,你忘掉了什么呀?"

张謇哑然一笑说道:"只顾贪看月色,却忘掉了问你我可不可以拜月。"

沈寿抿着嘴,嫣然笑道:"我以为你忘掉了什么要事呢!拜月嘛,一般说都是我们女流的事啊,我看你拜与不拜没甚要紧。何必要这样的大惊小怪,倒真把我吓了一跳。"

张謇站起来道:"人可欺,神不可欺,说拜就拜。"管妈连忙将拜垫放下,沈寿见张謇真的要拜,连忙说:"莫慌!四先生你还没有焚香呢!"

张謇道:"炉里有香,我又何妨借香拜月,不是一样的吗?"拜罢,仍归原位,他自我解嘲地笑道:"雪宧!昔人说借花献佛,我今宵借香拜月,倒有点类似了。"

沈寿瞧瞧张謇,若有所思,漫不经心地道:"其实也不算借。"张謇怕坐久了,使沈寿疲乏耗神,便道:"雪宧!你也该早点安息,让管妈守一会儿香烛,我也要回那边去了。"

沈寿道:"四先生!你怕有点饥了,吃只月饼再走好不好?"张謇摇摇头:"用不着,今晚吃得很饱。"说着,就举步出去道:"雪宧!我走了。"

沈寿将张謇送走后,却呆呆地站在檐下,望着天空的一轮皓月,好像在想些什么。

沈寿是一位绝顶聪明、多愁善感的女子,自来南通以后,备受张謇的无私照顾。几年来,张謇对她情真意挚的用意,她早已了然于心。每当花前月下,孑然独对时,便不由得触景伤情,难以自遣。

余冰臣是那般的寡情薄幸,而张謇却又是如此多情。越轨自然不能,此情却又难遣。有时候竟徘徊终宵,难以自解。以多病善愁之身,处左右为难之境,况又命如悬丝,就不免产生了悲观情绪,顿觉得有一朝离开这充满是非的人间,倒反清净。

她面对明月,倚着亭户,低低吟道:"中元风物是中秋,扶病看花拜月休。叹息明年人在否,两行烛泪替人流。"吟罢偷拭珠泪,急忙转身入内,伏案疾书,将诗笺夹入书内。管妈见她神情似乎失常,便硬催她上床安息。可是她却辗转终夜，不能入睡。

第二天下午，张謇来时，见沈寿正在午睡，便不去惊动。他坐在书桌边轻轻开了抽斗，取出弄好的绣稿阅看，一眼瞥见里边夹着一笺，将它抽出看时，不由惊出一身冷汗，暗道不好，顿时来了心事，却又不敢做声。

张謇看到沈寿写的诗笺，知道这是在他走后，沈寿有所伤感而吟的诗句。但是昨天晚上，并不曾有什么事或是有什么话语令她不快啊？这首诗里充满着悲观情绪，大有厌世之意，是不祥之兆，务要及时扭转她的抑郁心情，却又不便和她道了出来，只好暗地里注意她的神情，寻找机会劝慰劝慰，让她的心情舒展舒展。张謇唯一的忧虑，就是担心绣谱能否成功。

张謇暗下决心，无论怎样，一定要抓紧时间促成其事，决不能让沈寿遗恨九泉。

沈寿的睡眠时间很短，午睡更是一忽而已。当她醒来时，觉得外边有轻微声响，便问管妈："外边是谁？"管妈答道："是四先生来了一会儿了，他不曾肯惊动所长。"沈寿为人心细如发，心想不好，他要是看见我昨夜写的诗，定然要生疑虑。于是立刻着衣下床，脸也未洗，就抢先出了房门。

张謇见沈寿匆忙起来，心中有数，装出毫未察觉的模样，笑问沈寿道："雪宧！我一到来，却把你的午梦惊醒了。"沈寿见张謇不曾提诗的话，暗想他是没有看到诗了，这才把心放下，笑道："想假寐片刻，不觉就睡着了。梦从何来呢？"说时进房理鬓净面，一边搭讪着，问了张謇一些闲话，暗中欢喜，幸亏诗笺不曾被张謇看见。

张謇见沈寿面有喜色，便趁机道："雪宧！目下秋高气爽，正宜把绣谱继续写下去。"沈寿笑道："看你！为了我的事如此操心，让我何以为报呢！"

张謇一心想把绣谱加快完成，把厂里的事全托了三哥；垦牧的事交给了江导岷；地方上的事暂交给了薛秉初；江防的事委托了陈葆初。他把全部时间放在帮沈寿撰写绣谱上了。

沈寿把从事刺绣事业30多年的经验和她钻研的心得汇集起来，再博采众家之长，例如，参考从日本考察得来的美术绣法、西方的素描手法和油画艺术，创为一家学说。她以虚实相兼的独得之妙，融合到绣艺当中创为自成一家的针法。她将绣谱刊为"绣备、绣引、针法、绣要、绣品、绣法、绣节、绣通"8类，张謇为其题名为《雪宧绣谱》。在帮助沈寿撰写绣谱的这段时间里，张謇着实辛苦得很，上、下午都不大休息。沈寿对张謇的极力支持，当然是万分感激，确实有"他既以知己待我，我应以知己报之"的感想，却又欲报无由。虽然彼此情牵，却又无可奈何。

沈寿因绣谱写成，情绪得到鼓舞，精神就自然而然好得多了。绣谱由南通翰墨林印出时，张謇先取了10册，欢欢喜喜地送到沈寿这里，郑重地道："雪宦，这是你毕生的心血结晶啊！你偿了夙愿，为中国妇女界争了光。这光辉的业绩将永留史册啊！"

沈寿手持绣谱，深有感慨地闪着泪花，叹道："绣谱写成，我志已酬，虽死何恨。四先生，感君知遇之情此生难报，只好期望于来世了。"说时，嗓音沙哑，明眸里的晶莹珠泪却已夺眶而泻。

张謇蓦然地想到了他和沈寿之间的一首赠诗——《寄雪君》："一句小别宁为远，但觉君西我已东。留得闲花朝夕伴，绿梅开了碧桃红。"

沈寿也做了《题画绣呈蔷师》："虚堂寂无人，清风动爽籁。几尺青琅玕，一双红绶带。何时到屏幛，午倦目与会。"

张謇听了沈寿的这番话，已是感慨万千，再见她眼含热泪，语音沙哑，更加黯然神伤。然而心里很想安慰沈寿几句，可一时又找不到恰当的语言，就这样四目相对无言。

张謇终究是张謇，他陡然惊觉，再这样下去，对沈寿大有妨碍，便破涕为笑道："雪宦！我也真痴，险些被你方才的几句话，不知引向哪里去了。古人得一知己便终身无憾，何况我们在这几年来神交已久了，感情已趋超越寻常，更应当不拘世俗之见才是。绣谱既成，雪宧，你夙愿已酬，更应该欣然自喜啊！"

沈寿沉默了一会儿，默默地念道："神交已久，不拘世俗之见。"她忽然朝张謇望了一下，点点头道："四先生！我知道了。"

张謇含含糊糊地答道："知道就行！你就应该释然了。"沈寿点点头，其实她说的知道了，就是说情到独钟，正在我辈！

9. 沈绣大家，香消玉碎

沈寿生病，张謇无暇顾看时，曾专门致函慰问。其中有："热日易感，切勿俯头绣事，小卧最好。便人去，俯书敬问谦亭主人安否？謇，八月廿六日九时。"

一个在中国历史上有大手笔的老人，对一位小女子的关怀竟到如此细节，沈寿难免感动。因此扶病用自己秀发绣成"谦亭"二字，送张謇留念。

张謇也动情，赋诗答谢："枉道林塘适病身，累君仍费绣精神。美意直应珠论值，余光犹压黛为尘。"

从赠诗看，可见情感交往不寻常。按世俗眼光看，似为过分。临终之前，沈寿表示死后埋于南通，不过江，不归籍余家。

在那个封建意识浓厚的年代，这是需要极大勇气的。一方面说明她对余冰臣的态度，另一方面更是对张謇的一种表示。这种行为使我们看到了沈寿刚烈坚贞的另一面。

4月底，沈寿的身体已大不如前，完全是靠药物治理和参茸滋补。在传习所的学员举行了毕业典礼以后，她觉得精神很好，便留在女工传习所里静养，同时可以协助沈立处理一些事务。沈寿平平安安地在女工传习所里过了新年。沈立等人甚是欢喜。张謇见沈寿一切如常，心里十分欣慰。吴夫人除去新年后往常乐镇去了几天时间，回来后却是三日两头来看望沈寿。张謇来时，总要先问一下，药膏和丸药吃过没有，参汤可曾喝下等。

沈寿有时笑对张謇道："啬公！你真有点拿我当孩子，连吃药都要管。"

清明过后，春寒料峭。一天清晨，管妈正在服侍沈寿梳头时，沈寿忽然激烈地咳嗽了一大阵，竟吐出了几口鲜血，便觉头昏。管妈急忙将她扶上床，又迅疾去告知了沈鹤一，及至沈鹤一等人来时，沈寿已面无血色了。

张謇得信，连忙请法国医师先帮沈寿打了一针，随后又将汤回春的高足祝际平请来。祝先生诊脉以后，看过舌苔，出房开处方。

祝先生低低朝张謇道："四先生，沈所长病势不轻

201

啊！舌苔边红，气体虚弱，乃内火上炎之象，方拟当归饮以竹茹佐治。晚生学浅，望请高明诊之。"说毕，将煎方开好，请张謇过目，便告辞回去。这一来，张謇更心急如焚了，立刻去拍电报给沙健庵，随后派了小火轮往如皋迎接。同时又打电话给吴夫人，命其将"谦亭"收拾一下，准备将沈寿接了去。就在张謇暂时离开女工传习所短短的这一会儿工夫里，女工传习所里却乱成了一片，被闹得沸反盈天。沈寿竟然不省人事，情况十分危险，把沈立等人急得搓手顿脚。

这时候，余冰臣也出现在沈寿的病榻之前，他仅向沈立点了点头。沈粹缜等几个晚辈，当然是循例向他见礼站过一边。在先，沈寿倒还安安静静的，不过有些气喘，她一见余冰臣到来，便紧闭双目，不声不响。

余冰臣朝沈寿淡淡一笑："沈寿！你怎么又病了呀？"接着道："这些时手头很紧，望你给我百把块钱应下子急好吗？"

沈寿不知是没有听见，还是有意不睬，兀自闭着两眼不作声。余冰臣碍着金静芬等在旁，沈寿对他不理不睬，觉得脸上无光，便已恼羞成怒，向四下张望想找个借口出气。忽地眼前一亮，沈寿枕边的那只钻石金表闪闪发光。他突然将手一伸，立刻把金表取到手中。

沈寿心里正在烦闷，这个冤家又来作祟，如何打发他走，忽然觉到耳边有了声响，连忙睁眼看时，见金表已入余冰臣之手。这一急非同小可，她挣扎着爬起来，揪住了余冰臣的右手，喘息着道："丢下！丢下！"

余冰臣哪里睬她，抬起左手使劲将沈寿一推，沈寿无力而倒。余冰臣见状一阵冷笑，怀揣着金表，不管沈寿怎样，跨出房门，扬长而去。

沈寿被这一推，气又往上直涌，只断断续续地喊说："你！不许走！"便两眼一翻昏死了过去。

正在沈立等人惊慌抢救之时，张謇来了。张謇进门时和余冰臣撞个正着，余冰臣和他匆匆招呼了一声，便自去了。

张謇进来，得知方才情况，一面电请德国医师前来抢救，一面命人速去追赶余冰臣，给钱与他，取回金表。

这时吴夫人也已赶来。经过抢救以后，沈寿苏醒过来了，可是依然双目紧闭，微微地喘息着。吴夫人心急，伏到枕边低低唤道："雪妹！雪妹！你觉着怎么样？我们已准备好了，接你仍到'谦亭'去。"话音刚落，沈寿猛然微启病眸，头在枕上只摇，有气无力地道："大姐！谢谢你和四先生，我不去。"说罢就又闭目默然。

张謇站在旁边，竟未曾听清沈寿说了些什么。吴夫人附着沈寿的耳边，苦苦地劝了又劝，可是，沈寿依然是摇头无语，双目中滔滔泪下。

吴夫人这才直了直腰，苦着脸，皱着眉，朝着张謇和沈立道："怎么办呢？雪妹她不肯走。"这时吴宜高已将金表取回，递给张謇。

吴夫人将金表送到沈寿手里，张謇提高了嗓音道："雪宧！珠还合浦，金表已经追回来了，你就依着道惜，且到'谦亭'住几天再说，好吗？"

沈寿将头微微一点，发出微弱的声音道："谢谢四先生！我不愿离开这里了。"说毕，闭目无语，呼吸微弱。沈立在一旁，瞧着沈寿，心如刀割。她深知沈寿和余冰臣的以往一切。她揣度沈寿这一回不去"谦亭"的心意，一定有她的道理。不由珠泪直泻，朝着张謇夫妇道："四先生！四夫人！就让她在这里暂等几天，看情况再说罢。"

沙健庵被接来，随即就来诊脉。他将脉一切，大吃一惊，到了外面，急忙低低朝张謇道："危险啊！我这一回恐怕无力回天。"说时摇了摇头。

张謇不由一阵心慌，凄然道："健庵兄！挽回她的生机，全在你啊！"

沙健庵开方以后，被暂时留南通观察沈寿的病情。张公子孝若从上海回来，偕着少夫人前来看望沈姨。

他们夫妇俩刚刚站到床前，才开口叫沈姨时，沈寿猛然就挣扎着想坐起来，被吴夫人立刻按住，道："你呀，这种脾气改不了，孩子们来看你，是应当的呀！"沈寿无可奈何地示意张公子夫妇，让他们坐下，悠悠叹了口气，发出低沉的声音，向他们道谢。

她心里对张氏一家人对她的温情，实在是镂心刻骨，可是她却无从报答了。

为天生港电厂的事，张謇忙到夜深才回来，一到家他都要先到沈寿这里看望一下。他见吴夫人还在沈寿这里，便叫吴夫人先回去，让他照看沈寿一会儿。

沈寿忽然喊住吴夫人道："大姐莫慌走，我有事托你们二位。"在一阵急促的呛咳以后，由吴夫人协助管妈，将沈寿扶着坐起，放了靠垫坐定以后，喝了一盅参汤。她喘息了一会儿，泪光莹莹，哽咽地道："四先生！大姐！你们二位对我，恩同再造，深情厚谊不比寻常。我今生难报，待来生再报恩情吧！"说时哽咽得珠泪直泻。

吴夫人这时已泣不成声，掩住沈寿的嘴唇道："雪妹！你忽然想谈这些干什么呀？不要再说了。"张謇在灯光下，瞧见沈寿面似烘霞，心知沈寿是回光返照之相，便忍着悲哀道："道愔！让雪宧慢慢地说下去吧。"沈寿这才又强打精神断断续续地道："四先生曾说，叫把慰慈配给佑祖，我想就当着大姐把这件事订了下来。"

吴夫人忙道："雪妹，这桩婚姻你不用担心，我们早有此打算了。现在就当面为定。"

沈寿面有喜色，低低地道："这就遂了我的心愿。谢谢大姐！谢谢四先生！"

她闭目养了一会儿神，继续道："耶稣和蓓克的绣品，连同这只金表，赠给南通博物苑做个纪念。"沈寿这时说话已经非常吃力，可是她却硬撑着，连泣带诉道："四先生，我誓不再返苏州了，望四先生草草将我葬于黄泥山下，我愿已足了。"

沈寿话音未断，人已僵倒了，就像死去一样。其实这时的沈寿，的确是芳心如割，柔肠寸断，欲哭无泪，难以了却心中的情恨绵绵。

吴夫人忙惊呼："雪妹！雪妹！"

张謇却顿足长叹道："天乎！天乎！天既生雪宧，何又让其潦倒于此呀？"

从此，沈寿便进入了弥留状态。沈鹤一和沈粹缜、金静芬等人，以及沈右衡和沈寿的一双儿女，都轮番不离左右照看，吴夫人和媳妇陈淑云每天必来。张謇更是日必数至，同时还兼管徐禾生经办的棺椁衣裳等。

1921年6月18日，是通海500公里省道通车典礼。张謇是主办的负责人，非去参加不可。通车典礼刚刚开始，张謇忽然接到家中拍来的急电："雪宧于五月十三日（公历6月18日）子时辞世，速回。"

张謇接到凶耗，怆痛万分，立即专车返通，衔悲入室，但只见沈寿的玉体已经易服仰卧了。

张謇启衾审视，抚尸犹温，不禁洒泪大恸道："雪宧逝矣。哀哉！痛哉！而今而后，世安得更有斯人耶！"

张謇遵照沈寿的遗嘱，办理丧务，择于6月19日12时，亲视入殓。余冰臣虽不曾到场，但张謇仍以余冰臣的名义发出讣告。

根据沈寿的遗愿，6月23日，张謇偕同沈右衡前往黄泥山勘察墓地，研制了墓地模式，由沈右衡负责督造。灵堂里由沈粹缜、金静芬陪着余慰慈、余露伴灵守柩。张謇每次来时，总要绕柩朗诵佛号324声，祝愿沈寿往生净土。

南通各界为沈寿开了颇为隆重的追悼会。张謇在会上发表了万分沉痛的讲话，南通县知事瞿鸿宾致了悼词。

沈右衡请张謇到黄泥山勘察工程，张謇表示满意，见墓地四周已植了若干松柏，便命在墓前两侧再植梅花4株。并择在九月十日，公葬沈寿于黄泥山下。

出葬的这一天，张謇清晨5时就起了身，6时15分就已赶到墓地指挥一切。

沈寿的灵柩由32名扛夫抬着出发，前面由军乐、粗细乐、香亭、挽联等组成的仪仗前导。柩前由其子女和沈粹缜及学生等执绋泣行，灵柩后便是各界送葬人士。所有送葬人等均皆臂缠黑纱，各界设了路祭。10 时 30 分，灵柩安抵墓地。张謇拭泪相迎，瞿知事主持了公葬典礼，张謇读了祭文，并向各界送葬者致了谢。

张謇亲视掩土后，凄然长叹道："真是'美人自古如名将，不许人间见白头'啊！"人生至此万事都已了。待他回到家中时已是下午 4 时。他实践了对沈寿生前的承诺，安慰了沈寿在天之灵，然而他对沈寿的眷念却是有增无减。

根据沈寿生前的愿望，张謇将她的墓门石额上镌刻着自己亲书的楷书"世界美术家吴县沈女士之墓阙"。墓后立碑，碑阳镌刻着张謇撰写的《世界美术家吴县沈女士灵表》，碑阴雕刻着沈寿遗像。张謇在沈寿墓地照看着掩盖了 3 层墓土，加了墓顶，才在墓前默祷了一番凄然坐下。

坐在墓前，沈寿的音容笑貌就恍如电影一般在张謇的眼前一幕幕浮现。思念至此，张謇不禁顿然立起，仰天痛呼："雪宧，雪宧，你遇人不淑，幽忧抑郁，感疾而至于今日早逝，痛哉！痛哉！"

佳人已逝，此情难忘。自那以后的每年清明，张謇便会实地祭拜，又陷入了对沈寿的思念中，5 年光阴，不能自已。

10. 一枝一叶，后人评说

1926年4月，正是江南的梅雨季节，通州连续下了七八天的雨，沿江堤岸已有数处被江潮冲坍。张謇一得到灾情快报，便与陈葆初等人赶往沿江一带视察指挥抢险修堤。

他带着吴宜高驱车去往角斜。到了角斜，听到大中集那里灾情严重，他又马不停蹄地上了大中集。

江堤上的人见偌大年纪的张謇星夜赶来，担心他的身体，不让他下去看。张謇怎么肯依！正巧又下了两天雨，排水渠里的水排不出去。张謇不顾劝谏，亲自披蓑戴笠下田指挥。由于几天来连续的劳累，加上感冒风寒，就发起热来。在众人的力劝之下，才回到南通，卧病了十多天，方才痊愈。可是他的精神却明显地衰弱了许多。

8月1日，张謇一觉醒来，简单地洗漱之后，便到室外散步。梅宅建在狼山西麓，出了门就是山石树林，空气清新，又有江边吹来阵阵微风，要说环境和气温算是南通最佳的去处了。但是，张謇却感到浑身不适。张謇在小径旁边的石头上坐下来，想歇一歇，但是不行，他觉得胸中憋闷，手脚发凉，头昏脑涨。他试着站起来，感觉腿脚无力，终于又坐下……

家人不见张謇散步回来，立即到宅外寻找，见张謇坐在石头上一个劲地喘粗气,连忙扶起他回到居室,在卧榻上躺下。不到中午他浑身发热,家人连忙请来医生,给张謇号了脉,开了药方。张謇喝下药,躺下睡觉了。

第二天,张謇醒来,感到浑身上下轻松多了。立即下床,因为他和宋希尚约好一起去巡视树棣沉放。张謇冒着酷暑、扶着拐杖,和宋希尚一起在江堤上走了十多里,观察分析了主要危险地段,并筹备护江保堤的石料。一连几天,张謇精疲力尽,适逢气候闷热,张謇再也支撑不住,又躺下了。

8月7日,张謇病势转重,儿子张孝若跟三伯父商量,将张謇接回城里濠南别业家中。三伯父与孝若急商请医诊治事宜,一主中医、一主西医,伯侄之间相持不下,旁人亦不敢有所主张,于是孝若致电上海宝隆医院,请德医白鲁门托克博士来通诊治。

一天以后,德医和随行人员抵达天生港,正是子夜0时,雷电交作,大雨滂沱。等到达濠南,全宅上下灯火辉煌,一家大小跪地哀号,张謇在床已奄奄一息,正在弥留之际。德医及女看护迅速脱去外衣,伏床诊脉,打强心针急救,半小时后张謇渐渐苏醒,环顾左右,神志好像很明朗,他微微启动嘴唇,但已不能出声,不多一会儿又陷入昏迷状态。

1926年8月24日,各方面有关人士都聚集到濠南,张謇微微颔首。不一会儿，这位不知疲倦的老人终于带着遗憾的神情永远地闭上了眼睛。

张謇去世的消息传到全国，全国各地的唁电像雪片一样飞到南通，一些地方还开了追悼会，悼念这位在中国近代和现代历史上为中国的实业作出了巨大贡献的人物，大生纱厂专门送来了自己生产的大布，为张謇做寿衣，以寄托对这位创办大生纱厂及兴建南通各公益事业的恩人的哀思。

1926年8月25日：《通海新报》刊文称："张啬公先生道高望重，举世钦崇，其尽瘁地方自治事业，维护东南安宁，嘉惠通邑人士及苏省各县者，实足令人铭感无已。"

时任五省联军总司令孙传芳和江苏省省长陈陶遗联名电文："硕学巍名，文孚特望。甲午而后，力图自强，孜孜以提倡实业、教育为职志，在籍创办各工厂、公司暨各专门学校，逐年推广，成绩昭然。厥后办理地方自治及各公共事业，尤能尽心规画，卓著劳勋。综其生平事迹，实足上裨国家，下益社会；东南耆旧，无与伦比。"

民国政府《大总统令国务院摄行》："前农商总长张謇，耆年硕德，体国忠诚，位望崇隆，邦人所重。民国肇造、于建设因革诸大端多所赞助。嗣后总笼农商及督办水利、导淮、商埠各事宜筹画经营，效绩昭著。比年引退，尤复振兴实业,造福邦家。"

近现代思想家胡适也曾评价:"张季直先生在近代中国史上是一个很伟大的失败的英雄……他独力开辟了无数新路,做了三十年开路先锋,养活了几百万人,造福于一方,而影响及于全国。终于因为他开辟的路子太多,担负的事业过于伟大,他不能不抱着许多未完的志愿而死。"

11月1日,张謇出殡,万人空巷,南通的民众都来为张謇送葬。据张孝若记述:"那天清晨,天气异常晴爽,朝阳渐升,光芒四射,蔚蓝的天穹,明净到一片云都没有。霜露凝盖在树上,愈觉澈亮,寒肃之气,侵人肌骨,好像天空有意给我父亲一个光明而又冷峻的结局。素车白马,四方来会葬的,和地方上的人士,共有万余人,都步行执绋。"

凡枢车经过的地方,那沿路观望的乡人,有数十万都屏息嗟叹,注视作别,目送张謇到他的永远长眠之地。"这坟地是我父生前自己所择定的,已种了不少树木,前面直对着南山。墓上不铭也不志,只在墓门横石上题了8个字:南通张先生之墓阙。"

张謇墓位于江苏省南通市啬园内,墓地是他生前选定的,当时他还为墓门预做过一副对联:"即此粗完一生事,会须身伴五山灵。"张謇病逝后即安葬于此。随葬品很简单,一顶礼帽、一副眼镜、一把折扇,还有一对金属的小盒子，分别装着一粒牙齿，一束胎发。1930年4月，墓前增立张謇身着西服大衣、手持文卷的青铜立像。张謇墓园一直由张氏家人管理。1956年，张謇墓园交由国家管理，1958年5月由张氏家属提议改名为"南郊公园"。1966年，张謇墓及铜像被毁。1983年，南通市人民政府在原地重建了张謇墓。1985年8月8日，复立张謇铜像，并改称"啬园"。

张謇是近代史上的传奇人物，他大器晚成，前半生勤奋读书求取功名，终于在41岁时一举获得状元头衔，却不满于自己当官无助于救国，毅然放弃仕途，从头再来，投身于实业和教育。之后30多年的时间里，他硕果累累，开辟出多条他人未走之路，以自己的实践亲自见证了一个爱国者的满腔热情，成为历史上众人皆知的"状元实业家"。他的伟大事业为后人景仰，他的光辉成就将彪炳史册。

后　记

　　"一带一路"相关国家众多，代表性人物众多，为中外交好、民心相通作出杰出贡献的人士众多。因此，为"一带一路"璀璨群星立传，既使命光荣，又责任重大。在这项浩大工程的策划、组织、执行过程中，有许许多多的志士参加了有关传主的名单征集和审定，以及写作、翻译、审读、编辑、出版、筹资、联络等繁重而琐细的工作。所有参与的人员，以拳拳报国之心，尽深厚学养之力，克服了时间紧、任务重、要求高、压力大等诸多困难与挑战，最终圆满完成了任务。在本书付梓之际，丛书编委会特向参与本项目的全体同志致以崇高敬意和衷心感谢！

　　同时特别需要鸣谢的是，提出策划并领导实施此项目的中国传记文学学会会长王丽，基于长期法律实务经验和担任"一带一路服务机制"主席职务的便利，她对相关国家和走出去的"一带一路建设者"和广大青少年的需求了解真切，提出应当为他们写一套介绍各国典型人物的简明易读的传记，为他们提供健康的精神食粮。她把这项"额外"的工作当成了事业，不惜四处奔走筹集经费、苦口婆心招揽作者、精心挑选传主名录、夙夜青灯挥笔写作、近乎偏执逐字推敲、亲力亲为呕心沥血。面对如此浩大的出版项目和繁重的出版任务，中国出版集团华文出版社、中联部当代世界出版社、五洲传播出版社三家出版社携手毅然承担了出版任务，努力将该传系图书列入国家的重点出版工程，以高质量的编辑和装帧，确保了这套百卷丛书的国家级水平。在此，我们特向这三家出版社的相关领导和编辑致以崇高敬意和衷心感谢！

　　尤其让我们感动的是，在项目执行过程中，一些富有家国情怀的民间商会和企业家的慷慨解囊，虽不足以支撑项目的全部费用，但是他们所表现出的热心和支持，让我们坚定了走下去的信心和决心，特向他们的拳拳报国之心和慷慨无私帮助致以崇高敬意和衷心感谢！

一项伟大的事业，离不开许多默默无闻的奉献者。在本传系的组织、编写、出版过程中，有历史、文学、科研、外交、教育、法律、翻译、出版等领域的数百位专业人士参与，恕不能在此处一一详列。需要特别提出的是，鞠思佳、李华华、景峰等同志为组织联络、搜集资料到处奔波而毫无怨言，唐得阳、唐岫敏、白明亮、谭笑、曹越等同志在编写、翻译和编辑、校对过程中的细致与负责让我们感动，赵实、胡占凡、高明光、吴尚之、刘尚军、李岩、王灵桂、李永全、陈晓明、许正明、宋志军、包岩、丁云、关宏等同志睿智的指点和专业的帮助让我们避免了许多弯路。在此，我们特向以上各位同志致以崇高敬意和衷心感谢！

当然，由于我们水平所限，本丛书难免有某些不尽如人意和瑕疵之处，敬请学界专家和各位读者不吝赐教，我们将在作品再版之时吸收完善。在此，我们也向各位读者提前表示崇高敬意和深深感谢！

"一带一路"列国人物传系编委会
2023年3月28日